BIBLIOTHEQUE ROYALE ALBERT Ier

CHARLES DE LORRAINE ET SON TEMPS

CATALOGUE

Arlette Fougnies
Licenciée en philosophie et lettres

Service Educatif

Bruxelles
1991

Mes très sincères remerciements à tous ceux qui ont bien voulu m'apporter aide et conseils; parmi eux, mademoiselle L. Danckaert pour la cartographie, monsieur Y. Lenoir pour la musicologie, messieurs M. Couvreur, R. De Smedt, P. Cockshaw et G. Colin pour leur aimable révision générale; monsieur Alain Claes a bien voulu se charger de la traduction néerlandaise, et monsieur David Cieciura a aimablement corrigé les épreuves. Enfin, ma reconnaissance va aussi à monsieur M. Wittek, conservateur en chef honoraire, et à madame D. De Weerdt, conservateur en chef f.f., sans la bienveillance desquels ce catalogue n'aurait pas vu le jour.

C.I.P. BIBLIOTHÈQUE ROYALE ALBERT IER 536609
Charles de Lorraine et son temps / Arlette Fougnies

Bruxelles: Bibliothèque royale Albert Ier,1991. - 128 p.: 57 ill.; 24 cm.
(Monographies de la Bibliothèque royale Albert Ier; B 72).
Existe aussi en néerlandais sous le titre *Karel van Lotharingen en zijn tijd*.
ISBN 2-87093-059-3: circa 400 BEF
Mots sujets: Charles-Alexandre, Duc de Lorraine; Histoire de Belgique

BIBLIOTHEQUE ROYALE ALBERT Ier

Charles de Lorraine et son temps

Charles Alexandre de Lorraine, gravure par Jean Charles François. B.R., Cabinet des Estampes

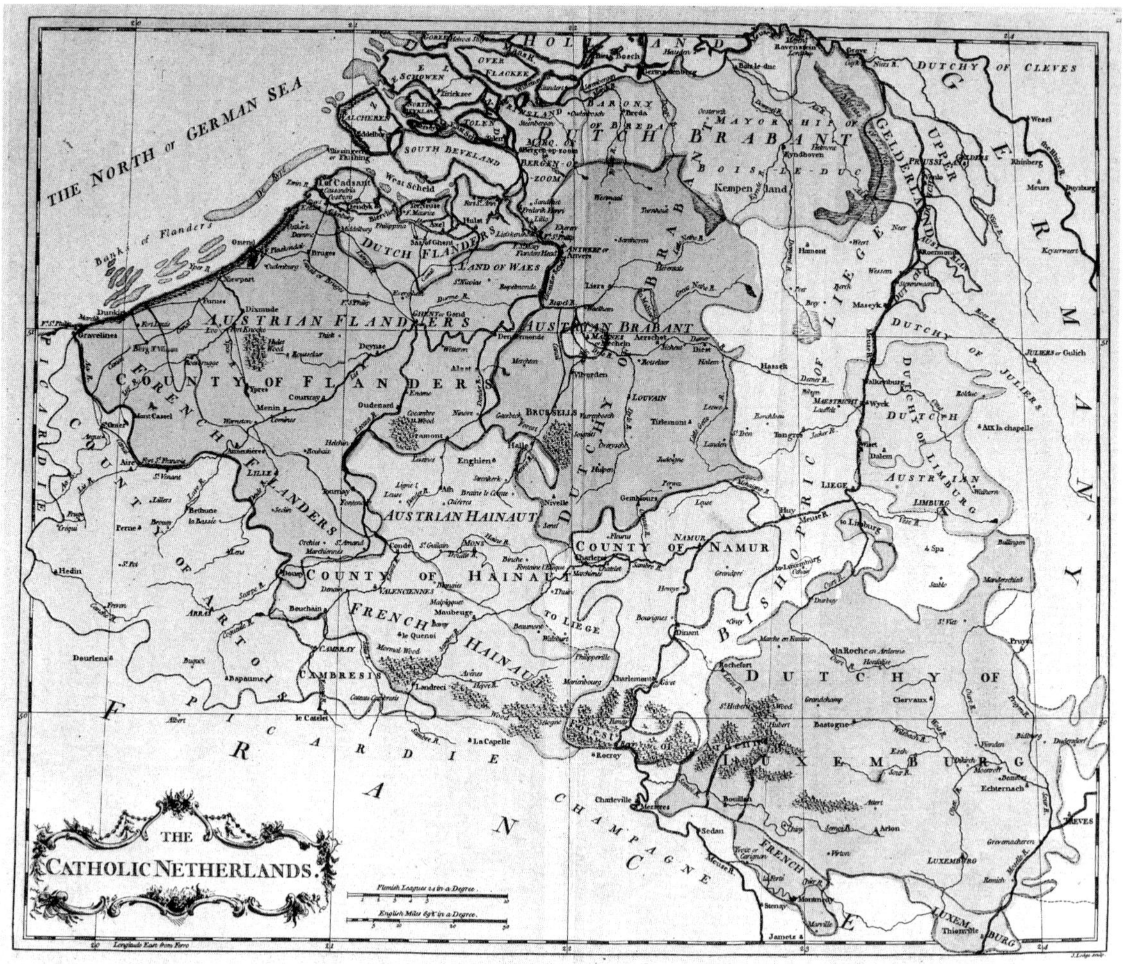

Carte des Pays-Bas autrichiens, 1750

B.R., Cartes et plans, IV 11418

CHRONOLOGIE

Préliminaire

Après avoir longtemps fait partie des possessions bourguignonnes, nos régions forment, au XVIIe s., les Pays-Bas espagnols; elles connaissent la sécession des sept provinces du nord, qui deviennent les Provinces-Unies, et subissent les guerres de Louis XIV (le 14 août 1695, bombardement de Bruxelles et destruction presque totale de la Grand-Place). A l'aube du XVIIIe siècle, les Pays-Bas méridionaux ont une gloire passée; leur état est désastreux, les dettes sont énormes et les finances publiques sont lamentables. Les traités qui mettent fin aux guerres du XVIIe siècle attribuent le pays à l'Autriche, et nous sont très défavorables (n° 48); dans la première moitié du siècle, le marasme économique est tel qu'il ne permet ni créativité culturelle, ni originalité politique.

La période autrichienne (1713-1794) est cependant bénéfique pour nos régions; elles connaîtront, surtout après 1740, un nouvel essor économique avec une remarquable croissance agricole (n° 114) et industrielle (n° 65); la démographie (n° 114), liée à cette croissance, voit la population doubler au cours du siècle. Les Pays-Bas comportent une petite centaine de villes, mais 80% de la population est rurale. Paupérisme, faible sécurité publique, police médiocre, armée mal organisée (quelques corps recrutés dans le pays, joints à des régiments étrangers; promotions souvent réservées aux jeunes gens «de bonne famille»), s'alourdissent encore de la vénalité des offices civils et d'une justice peu égalitaire; les discriminations douanières, entre nos régions et surtout avec nos puissants voisins, freinent notre économie; enfin, le traité de la Barrière nous impose humiliation et récession.

Les Pays-Bas autrichiens participent au puissant mouvement des Lumières (salle III), qui se heurte chez nous à un conservatisme particulier, attaché au droit coutumier et à d'anciennes règles constitutionnelles (seule «constitution» écrite: la Joyeuse Entrée de 1365, au Brabant). Sans pour autant végéter hors du temps, les Pays-Bas du sud ont suivi un chemin bien à eux. Ils sont restés très catholiques, dans l'esprit de la contre-réforme, et l'Eglise y a gardé un grand pouvoir politique.

Les Pays-Bas autrichiens ne sont pas un Etat unitaire, mais un conglomérat de provinces qui veulent conserver leur autonomie. Ils n'ont avec l'empereur d'Autriche qu'un lien dynastique: il n'est pas «souverain des Pays-Bas», mais doit être reconnu dans chacune des provinces, auxquelles il promet le respect de nos libertés et de notre neutralité. Les pouvoirs locaux seront en général respectés (jusqu'à Joseph II). L'empereur gouverne par l'entremise d'un gouverneur général, qui a une cour et accrédite des diplomates, et d'un ministre plénipotentiaire. L'administration est centralisée à Bruxelles et doit tenir compte de la vieille institution locale des Conseils collatéraux, tandis que le savoir est confiné dans l'ancienne université de Louvain.

Trois souverains autrichiens nous concernent au cours du siècle.

- Charles VI (de 1715 à 1740), souvent maladroit, dont les gouverneurs sont Eugène de Savoie (qui ne réside jamais aux Pays-Bas), Harrach (qui entreprend une modernisation progressive et tente d'atténuer notre dépendance économique) et Marie-Elisabeth, sœur de l'empereur, bigote et autoritaire.

- Marie-Thérèse (de 1740 à 1780) (n° 25) gouverne avec prudence et modération (quant aux questions religieuses par exemple); elle préfère l'adhésion des responsables belges à ses mesures et innove surtout dans les domaines de la culture et de l'enseignement (n° 39 et n° 56). Son gouverneur, de 1744 à 1780, est son beau-frère Charles de Lorraine (salle II), qui a une cour brillante et une influence modératrice bien accueillie. Entre lui et la population s'est maintenue une sympathie rare et réciproque.

- Joseph II (de 1780 à 1790) veut imposer une mutation radicale et provoque une violente opposition (n° 61 à n° 68). La gouvernante générale, de 1780 à 1792, est sa sœur Marie-Christine (n° 69), qui a surtout une fonction décorative. Les nombreuses mesures de Joseph II, souvent rationnelles, sont conformes au despotisme éclairé (la philosophie au pouvoir, le plus grand bien pour le plus grand nombre, tout pour le peuple, rien par le peuple); elles fondent le «joséphisme», qui tranche le problème des rapports entre pouvoirs spirituels et temporels, entre l'Eglise et l'Etat; au XVIIIe siècle, deux tendances sont inconciliables: une Eglise centralisée autour du pape (les ultramontains), ou des Eglises nationales (avec autonomie épiscopale) soumises à un pouvoir civil fort. Nous connaîtrons, comme en France, de graves remous politiques en 1789.

EN LORRAINE

Le 12 octobre 1698: mariage du duc Léopold de Lorraine (1680-1729) avec Elisabeth-Charlotte d'Orléans (1676-1744), qui seront les parents de Charles de Lorraine. Elle est la fille de Philippe II d'Orléans (1640-1701), Monsieur, frère de Louis XIV, et de Charlotte-Elisabeth de Bavière, dite la Palatine (1652-1722). La Lorraine est un pays indépendant, gouverné par des ducs souverains.
Le 8 décembre 1708: naissance de François Etienne de Lorraine, dixième enfant des ducs de Lorraine, frère aîné de Charles, et futur empereur d'Autriche.
Le 12 décembre 1712: naissance, à Lunéville, de Charles-Alexandre, douzième enfant des ducs de Lorraine et futur gouverneur général des Pays-Bas autrichiens.

1701-1715

Guerre de Succession d'Espagne, terminée par le traité d'Utrecht (1713), entre la France et les puissances maritimes (Angleterre et Provinces-Unies), et par le traité de Rastadt (1714) entre la France et l'Autriche. Nos régions sont attribuées à l'Autriche, et Charles VI de Habsbourg (1685-1740) est notre empereur de 1715 à 1740; les puissances fixent nos frontières et obligent les Pays-Bas à former une barrière de protection contre la France. En 1715, le traité de la Barrière (ou traité d'Anvers) entérine la fermeture de l'Escaut et ordonne des fortins et garnisons (n° 48 et n° 49).
Louis XIV meurt en 1715. Après la Régence (exercée par l'oncle maternel de Charles de Lorraine), son arrière petit-fils, Louis XV, lui succède.

1717-1725

En 1717: naissance de l'archiduchesse d'Autriche Marie-Thérèse (fille de Charles VI et d'Elisabeth de Brunswick), notre impératrice de 1740 à 1780 (n°25), et, en 1718, de sa sœur, Marie-Anne (n° 23 et n° 26), future épouse de Charles de Lorraine.
Dans les Pays-Bas, tensions dues aux mesures du traité de la Barrière.
En 1722: création de la «Compagnie impériale et royale des Indes établie dans les Pays-Bas autrichiens sous la protection de saint Charles», dite Compagnie d'Ostende (12 expéditions fructueuses vers l'Orient, de 1724 à 1732). Ostende s'avère une encombrante rivale pour Amsterdam, Londres et Nantes. Charles VI cède aux menaces des puissances; en 1727, il suspend le privilège de la Compagnie, qui continue clandestinement, et, en 1731, elle est définitivement sacrifiée.

1725-1736

Séjour à Vienne de François de Lorraine (1708-1765), et pourparlers de mariage entre François et l'archiduchesse héritière Marie-Thérèse (1717-1780).
En 1729: Mort de Léopold de Lorraine, père de Charles.

Palais de Nassau B.R., Cabinet des Estampes

En 1731: incendie à Bruxelles du Palais des ducs de Brabant, où résidaient les gouverneurs généraux (depuis 1724, l'archiduchesse Marie-Elisabeth (1680-1741), sœur de Charles VI); installation de la cour dans le Palais de Nassau.
De 1733 à 1736: guerre de Succession de Pologne, terminée par le traité de Vienne qui attribue la Lorraine en viager à l'ex-roi de Pologne Stanislas Leczinski (1677-1766), beau-père de Louis XV. En 1735, inutile protestation de Charles contre la cession de son duché.
En 1736: mariage de Marie-Thérèse et de François de Lorraine.

1736-1741

Charles quitte définitivement la Lorraine et rejoint l'armée autrichienne; devant Belgrade, il se bat contre les Turcs.
En 1739: séjour de Charles à Florence, avec Marie-Thérèse et François, devenu grand duc de Toscane. En 1740, mort de Charles VI, père de Marie-Thérèse, qui devient impératrice. En 1741, naissance de Joseph, quatrième des seize enfants de Marie-Thérèse et futur empereur d'Autriche
Le 17 avril 1741: désignation de Charles de Lorraine comme coadjuteur de Marie-Elisabeth, qui meurt le 26 août de la même année. Charles sera notre gouverneur général jusqu'en 1780.
Dans les Pays-Bas, l'on avait commencé à assainir le commerce (enquêtes, mémoires, projets de réformes). Mais l'hiver 1740 est particulièrement dur (-20° à Bruxelles), ce qui provoque la cherté des vivres, des émeutes et du pillage.

1741-1748

Guerre de Succession d'Autriche. En 1742-1743, Charles, promu général en chef des armées impériales, dirige les combats et remporte la victoire de Simbach sur les troupes franco-bavaroises. Aux Pays-Bas, le ministre Königsegg-Erps le remplace.
Le 7 janvier 1744: mariage de Charles de Lorraine et de l'archiduchesse Marie-Anne de Habsbourg (1718-1744) (n°23 et n°26). Ils font leur entrée à Bruxelles en mars, comme gouverneurs généraux, et jurent de respecter nos «libertés».
En mai 1744: départ de Charles de Lorraine pour conduire l'armée impériale du Rhin. Il est remplacé à Bruxelles par le chancelier autrichien Kaunitz.
En juillet 1744: passage du Rhin (n° 178), qui fait la réputation militaire de Charles.
En octobre 1744: Marie-Anne met au monde un enfant mort-né; le 13 décembre, en Lorraine, meurt Elisabeth-Charlotte d'Orléans, mère de Charles; le 16 décembre, c'est Marie-Anne qui meurt, à Bruxelles.
Invasion des Pays-Bas autrichiens par les armées françaises (n° 51) conduites par le maréchal de Saxe (1696-1750), et, en mai 1745, victoire française de Fontenoy. Siège de Bruxelles, défaite de Rocourt (octobre 1746) et occupation française; entrée de Louis XV et attribution du commandement général des Pays-Bas à Maurice de Saxe.

L'ancienne Cour de Bruxelles.

Le palais de Charles de Lorraine B.R., Cabinet des Estampes

Charles subit des défaites devant les Prussiens.
En 1748: le traité d'Aix-la-Chapelle restitue les Pays-Bas à l'Autriche.

1749-1754

En avril 1749: retour de Charles de Lorraine, accueilli dans la joie; il fait des voyages d'inspection dans le pays et des propositions pour redresser la situation. Le ministre plénipotentiaire est Botta-Adorno jusqu'en 1753. La seconde moitié du siècle verra enfin le renouveau économique de nos régions.
Charles organise une cour brillante et s'occupe de ses collections, de mécénat, de fêtes, de chasses, de la restauration de ses châteaux (celui des ducs de Brabant à Tervuren, celui de Mariemont), d'œuvres charitables (ex. un orphelinat à Bruxelles) et d'aménagements divers (routes, canaux). On lui érige une statue sur la façade de la Maison des Brasseurs.
En 1754: arrivée aux Pays-Bas de sa sœur, Anne-Charlotte (1714-1774), appelée Madame; elle devient chanoinesse du chapitre de Sainte-Waudru à Mons.
Vienne nous envoie un nouveau ministre: Charles Philippe de Cobenzl (1712-1770) (n° 37).
A Paris, parution des premiers tomes de l'*Encyclopédie* (1751-1772) (n° 105).

1755-1763

Guerre de Sept ans (à l'issue de laquelle Marie-Thérèse perdra la Silésie au profit de Frédéric II de Prusse, tandis que la France cèdera le Canada à l'Angleterre).
En 1756: Charles de Lorraine achète le palais de Nassau et le fait transformer.
En 1757: il part pour Vienne (à Bruxelles, Cobenzl le remplace) et prend la tête des armées impériales; il subit des défaites (à Prague et à Leuthen) devant Frédéric II.
En 1758: Charles perd le commandement suprême des armées, mais reçoit la première grand-croix de l'ordre militaire autrichien; en novembre, il rentre à Bruxelles, où il retrouve quelques démêlés avec Cobenzl.
En 1759: le Parlement de Paris supprime les huit premiers volumes «impies» de l'*Encyclopédie.* En Belgique, pamphlets pour et contre la suppression du *Journal Encyclopédique* (n° 106 et n° 107); il sera interdit, mais continuera de paraître à Bouillon.
Construction de l'église attenante au palais (achevée en 1766), et projets d'aménagement de la place de Lorraine (place Royale) (n° 40) ainsi que de la place Saint-Michel (place des Martyrs).
En 1761: Charles est élu grand-maître de l'ordre teutonique (n° 36).
En août et septembre 1761: Benjamin Franklin visite les Pays-Bas et se rend chez Charles de Lorraine, dont il admire les «cabinets de curiosités».
Mozart (1756-1791) est à Bruxelles en octobre et novembre 1763 (n°s 3 et 4).
Cobenzl augmente la taxe sur le sel et provoque une vive opposition.

1765-1772

En 1765: mort de l'empereur François Ier, frère de Charles. Marie-Thérèse partage le pouvoir avec Joseph II (1741-1790).
En 1766: mort de Stanislas: la Lorraine devient française.
Charles supprime l'ordonnance sur le sel et fait restaurer la Maison du Roi à la Grand-Place; il est malade, et les Belges lui manifestent leur attachement.
En 1769: jubilé de ses 25 ans de gouvernement, en présence de son neveu l'archiduc Maximilien. Organisation d'une souscription pour ériger une statue de Charles au centre de la future place de Lorraine, qu'on aménage.
Création, le 12 janvier 1770, d'une Société Littéraire à Bruxelles.
En 1770: mort de Cobenzl, remplacé, en 1771, par Georges Adam von Starhemberg (1724-1807) qui sera ministre plénipotentiaire jusqu'en 1783; Charles séjourne à Vienne pour la dernière fois.
Mariage de Marie-Antoinette (1755-1793), nièce du duc, avec le dauphin de France, futur Louis XVI (1754-1793).
Ferraris (1726-1814) commence sa Carte de Cabinet des Pays-Bas autrichiens .
Le 16 décembre 1772, la Société Littéraire devient l'Académie Impériale et Royale des Sciences et Belles-Lettres (n° 39). Création d'un Bureau d'Archives et de la Bibliothèque Royale (n° 38).

1773-1780

En 1773: ordonnances de Joseph II sur la suppression de l'ordre des jésuites et sur une réforme de la justice (n°s 61, 62 et 63).
Mort d'Anne-Charlotte (1714-1774), sœur de Charles, et mort de Louis XV (1710-1774).
Le 17 janvier 1775: érection de la statue de Charles de Lorraine à la place de Lorraine (n°s 44 et 45); en 1776: Charles pose la première pierre de la nouvelle église Saint-Jacques sur Coudenberg (n° 41).
En 1777: création des collèges royaux, dits thérésiens (n° 56).
Charles de Lorraine souffre de la goutte.
Guerre de l'Indépendance américaine (1775-1783).
Le 4 juillet 1780: Charles de Loraine s'éteint à Tervuren, où il chassait; le 5, son corps est ramené à Bruxelles et exposé dans la chapelle du palais; le 10, il est enterré à Sainte-Gudule.
Le 24 novembre: mort de Marie-Thérèse (son fils Joseph II est empereur jusqu'en 1790).

1781-1788

En juin et juillet 1781: Joseph II voyage dans nos régions (premier souverain à y venir depuis le départ de Philippe II en 1559).
Ventes publiques des biens de Charles de Lorraine (insuffisantes pour payer ses dettes).

Joseph II promulgue l'Edit de Tolérance (qui accorde des droits aux protestants), mal accueilli par la grande majorité de la population, ainsi qu'un édit sur les dispenses matrimoniales (n° 64).
De 1782 à 1786, il fait démolir la plupart des bâtiments princiers de Tervuren.
Arrivée de nos nouveaux gouverneurs: l'archiduchesse Marie-Christine (1742-1798) (n° 69) et Albert-Casimir de Saxe-Teschen, qui habitent le palais de Schonenberg (Laeken).
En 1785: le traité de Fontainebleau maintient la fermeture de l'Escaut.
Nouvelles réformes de Joseph II, de plus en plus mal ressenties dans les Pays-Bas. Il simplifie les structures administratives et judiciaires et touche ainsi aux vieux privilèges de nos provinces, aux coutumes et autonomies locales: l'opposition devient politique et c'est une «petite révolution». Henri Van der Noot (1731-1827) (n° 68) publie un *Mémoire sur les droits du peuple brabançon*; les pamphlets se multiplient et des troubles éclatent. Joseph II rappelle le ministre Belgiojoso et le remplace par Trautmansdorff (ministre jusqu'en 1789).
Parution, en 1788, du petit livre de Verlooy sur la défense du néerlandais (n°66), ouvrage significatif pour l'origine des problèmes linguistiques et pour l'identité nationale en Belgique.

1789-1792

Joseph II abroge la Joyeuse Entrée (Charte fondamentale du Brabant, de 1356), ce qui provoque la Révolution brabançonne, menée par Jean François Vonck (1743-1792) (n° 67), qui rejoint Vander Noot; avec une petite armée, ils sont vainqueurs des Autrichiens près de Turnhout.
Fondation, le 10 janvier 1790, de la république des Etats-Belgiques-Unis.
En juillet, à la convention de Reichenbach, les puissances soutiennent l'Autriche contre ses dissidents, et, en octobre, les Etats-Belgiques-Unis se désagrègent.
En décembre 1790, le traité de La Haye ordonne la restauration autrichienne et le rétablissement de l'Ancien Régime.
Mort de Joseph II; son frère, Léopold II (1747-1792) est le nouvel empereur.
En juin 1791: retour des gouverneurs Marie-Christine et Albert-Casimir, qui auront comme ministres Mercy-Argenteau (de 1790 à 1791) et Metternich (de 1791 à 1794). L'influence de la Révolution française se fait sentir à nos frontières (quelques cahiers de doléances).
Un Comité des Belges et Liégeois est créé à Paris, soutenu par le ministre français des Affaires étrangères, Charles François Dumouriez (1739-1823).
A la mort de Léopold II, son fils François II lui succède; l'archiduc Charles, frère de François II, sera notre dernier gouverneur.
En avril 1792, invasion des armées révolutionnaires françaises conduites par Dumouriez (batailles de Valmy et de Jemappes).
Aux Pays-Bas, les dissensions existent toujours (entre démocrates, jacobins, anticléricaux modérés, conservateurs, statistes réactionnaires, opportunistes...).

PALAIS DE L'EXPOSITION DES PRODUITS DE L'INDUSTRIE NATIONALE

Palais de l'Industrie nationale B.R., Cabinet des Estampes

1793-1803

A Paris, la Convention girondine veut l'annexion des Pays-Bas, réclamée par Danton.

Procès de Louis Capet, exécuté début 1793.

En mars, défaite française à Neerwinden; en avril, retraite des Français et nouvelle restauration de l'Autriche et de l'Ancien Régime. Dumouriez passe à l'ennemi.

En avril 1794: François II vient à Bruxelles et prête le serment de fidélité à la Joyeuse Entrée. En juin, l'armée française, commandée par Jourdan, remporte la victoire de Fleurus; conquête complète et occupation des Pays-Bas.

Le 13 juillet, la statue de Charles de Lorraine est renversée par les sans-culottes.

En 1795: annexion officielle des Pays-Bas et de Liège à la France, et réorganisation de la Belgique en 9 départements.

Le palais de Lorraine est saccagé par les Français; il hébergera ensuite l'école centrale du département de la Dyle. La chapelle du palais est attribuée à l'Eglise protestante en 1803.

XIXe siècle

De 1804 à 1815: empire de Napoléon Bonaparte (1769-1821), qui épouse, en 1810, l'archiduchesse Marie-Louise (1791-1847), fille de François II.

En 1815: défaite de Napoléon à Waterloo. Le Congrès de Vienne nous rattache à la Hollande, avec le roi Guillaume Ier de Nassau (1772-1843).

L'ancien palais de la cour autrichienne est diversement employé; en 1825, on construit l'aile centrale, ce qui fait disparaître le jardin botanique bordant le palais de Charles de Lorraine.

En septembre 1830: Révolution belge et formation d'un Congrès pour notre indépendance.

Le 7 février 1831: promulgation de la Constitution et d'une monarchie parlementaire.

En 1837: installation, dans le palais, de la Bibliothèque Royale, qui s'ouvrira au public le 21 mai 1839.

En 1848: érection d'une nouvelle statue de Charles de Lorraine au centre de la place du Musée, et de celle de Godefroid de Bouillon à la place Royale.

En 1877: construction de la troisième aile de l'ensemble de la place du Musée, ensemble attribué à la Bibliothèque Royale.

XXe siècle

Construction, sur la pente du Mont des Arts, de la nouvelle Bibliothèque Royale, inaugurée le 17 février 1969. En 1976, restauration de l'aile restante du palais de Charles de Lorraine et, en 1988, création, par la Bibliothèque Royale, du musée "Charles de Lorraine et son temps".

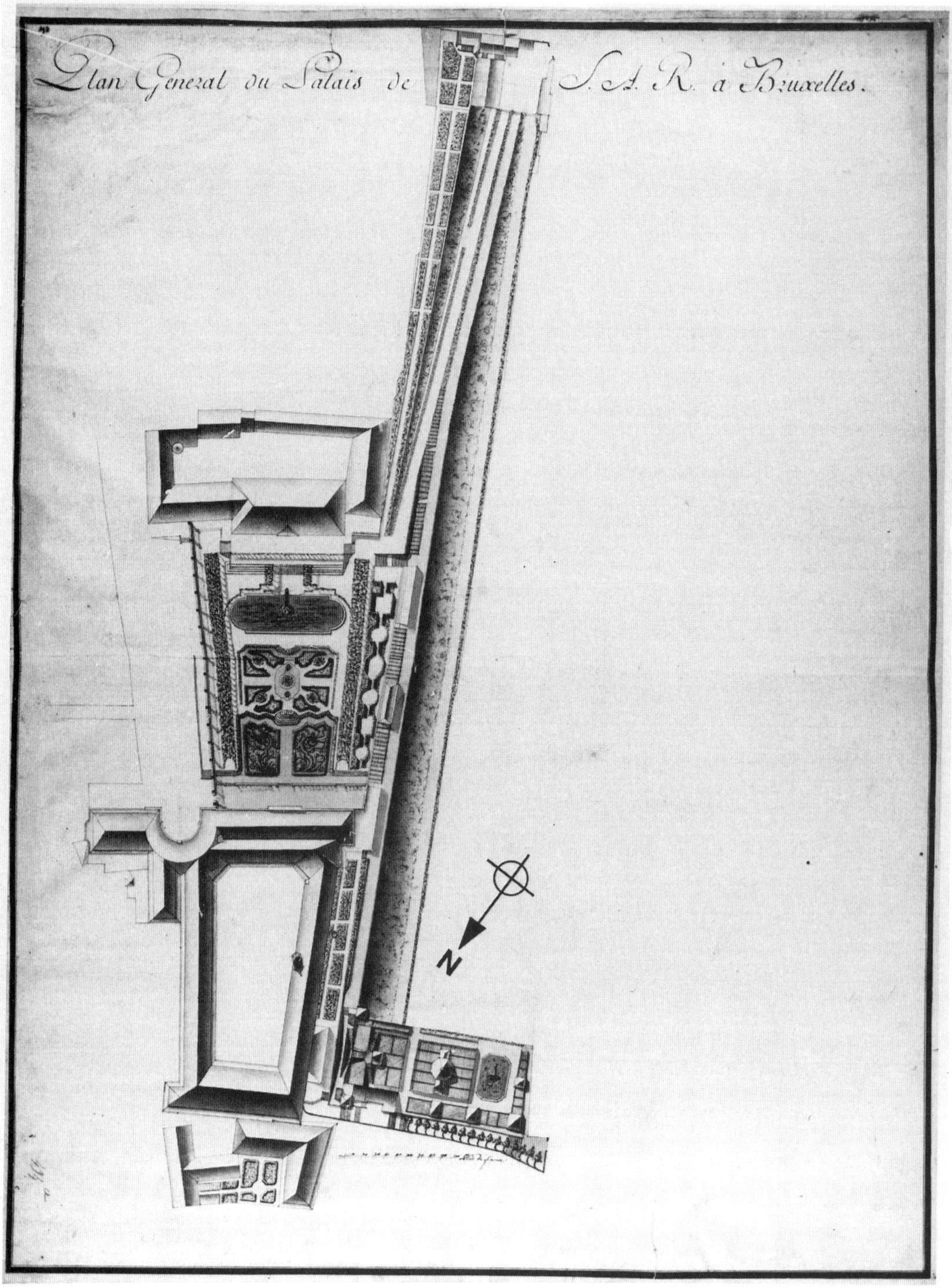

Vue cavalière du palais et des jardins

A.G.R., 494A

PRÉSENTATION DU PALAIS

Un palais avait été construit sur la pente de la colline du Coudenberg, en 1344, par Guillaume de Duvenvoorde, conseiller à la cour de Brabant. En 1404, son héritière épouse Englebert de Nassau, et le palais prend désormais ce nom. A la fin du XVe siècle, Englebert II, gouverneur général des Pays-Bas sous Philippe le Beau, aménage un nouveau palais, splendide bâtiment gothique qui restera longtemps l'une des plus belles demeures de la capitale, malgré des incendies et diverses restaurations.

Nos gouverneurs généraux résidaient habituellement dans le palais des ducs de Brabant tout proche, place des Bailles (actuelle place Royale). C'est là qu'était installée Marie-Elisabeth de Habsbourg, quand, le soir du 2 février 1731, le feu prend dans les cuisines, et, après toute une nuit d'incendie, détruit le palais (vestiges sous la place Royale). La gouvernante et la cour prennent résidence dans le palais de Nassau. C'est donc là aussi que s'installent, en 1744, Charles de Lorraine et sa jeune femme Marie-Anne. Le gouverneur loue le palais jusqu'en 1756, puis l'achète à la famille d'Orange-Nassau et décide d'importantes transformations. Il confie les travaux à l'architecte brugeois Jean Faulte (1726-1766), qui meurt avant l'achèvement, et à l'architecte Laurent Benoît Dewez (1731-1812). De ce nouveau palais, de style néo-classique, ne reste que l'aile sud. L'espace est occupé maintenant par la nouvelle Bibliothèques Royale, tandis que cette aile sud forme, avec deux autres ailes construites au XIXe siècle en harmonie avec la façade originale, le bel ensemble de la place du Musée.

L'aile comprenait les appartements d'été du duc: elle donnait sur des jardins à la française, qui s'étendaient jusqu'à la rue de la Régence, avec une pièce d'eau centrale, des écuries, un manège couvert... D'autres jardins comportaient encore une ménagerie, une volière, des potagers, des serres, une orangerie, un labyrinthe... Le palais, au XVIIIe siècle, hébergeait divers appartements, des chancelleries, des salons d'apparat, des logements, des cuisines, ainsi que des bibliothèques, un théâtre, une salle de concert, et les nombreux "cabinets" pour les recherches et les collections de Charles de Lorraine.

La façade comporte un léger avant-corps surmonté d'un fronton triangulaire; elle est décorée de guirlandes, trophées, balcons, corniches et statues, sculptés par Laurent Delvaux (Gand 1695 - Nivelles 1778), fameux pour sa synthèse du baroque

et du classicisme. Après un séjour en Angleterre (de 1717 à 1728), puis à Rome (de 1728 à 1732), il devient sculpteur de la cour et réalise des œuvres nombreuses, pour la collégiale de Nivelles en 1736, pour St-Bavon à Gand en 1741/45, pour les palais de Charles de Lorraine (ex. Hercule et certaines pièces placées aujourd'hui dans le Parc Royal de Bruxelles).

Un lion de la renommée (Belgique?) avec une femme protectrice (Magnanimité? Marie-Thérèse?) surmonte l'hémicycle d'entrée aux pilastres ioniques; quatre enfants représentent la Justice, la Tempérance, la Force et la Prudence, symboles de bon gouvernement. Au second étage, deux bas-reliefs: l'un présente des Amours, une sphère, une palette, un marteau, un buste, des gerbes..., bref des symboles pacifiques; l'autre, des enfants et des trophées militaires, soit une allégorie de la guerre. Les balcons sont flanqués de quatre statues: à gauche, la Guerre (reconnaissable au bouclier) et la Paix (portant une ruche); à droite, sur la façade de la Chapelle Royale, la Philosophie (avec un serpent) et la Religion (tenant une bible ouverte).

Cette chapelle, destinée aux dévotions privées de Charles de Lorraine, ainsi qu'à diverses réunions ésotériques, est édifiée de 1760 à 1766. En 1803, lorsque Bruxelles fait partie du département de la Dyle, le préfet concède la chapelle à l'Eglise protestante, décision confirmée par Napoléon en 1804 (on l'appelle Chapelle Royale parce que le roi Léopold Ier, protestant, y assistait au culte).

Le palais est la résidence principale du duc, jusqu'à sa mort en 1780. Son héritier, l'empereur Joseph II, pour payer les dettes de son oncle, fait vendre la majeure partie du contenu. Le palais devient vite inhabitable, et les gouverneurs suivants, Marie-Christine et Albert Casimir de Saxe-Teschen, préfèrent faire construire un nouveau palais, le château de Schonenberg, futur palais royal de Laeken.

Sous l'occupation française (1794-1815), le palais, d'abord livré au vandalisme, est attribué, le 31 mars 1795, à l'Ecole centrale du département de la Dyle. De 1810 à 1817, il héberge l'Académie, ainsi qu'une faculté de droit et des cours publics de médecine. Il est finalement repris par la ville de Bruxelles, qui ne reçoit aucun crédit pour son entretien. Elle veut faire de l'ancienne cour de Lorraine un musée, le Palais de l'Industrie, et l'on perce des murs, on rehausse des plafonds, on installe des galeries...; en 1825, l'architecte Roget construit une deuxième aile (l'aile centrale).

Le bâtiment connaît un incendie en 1827. Puis c'est la nouvelle Université Libre de Bruxelles, créée en 1834, qui s'y installe provisoirement. Enfin, en 1837, le palais devient la Bibliothèque Royale, ouverte au public en 1839. Le bâtiment est précédé d'un jardinet au centre duquel une statue de Charles de Lorraine, en bourgeois, due au sculpteur Jehotte, sera inaugurée en 1848; elle borde maintenant le palais. De la grille du jardin, on a gardé les piliers, ornés de deux médaillons, dus à G. De Groot, soutenus par des Génies; ils représentent Marie-Thérèse et son fils Léopold II. La troisième aile achève l'ensemble en 1877. Les statues et bas-reliefs de cette aile gauche célèbrent les Sciences et les Arts. Au

L'église protestante (© De Standaard)

La Bibliothèque Royale dans les années cinquante

début de ce siècle, le bâtiment était devenu trop petit pour une bibliothèque nationale. En 1934, Léopold III exprime le souhait de voir ériger une nouvelle bibliothèque, à la mémoire de son père, le roi Albert Ier. Le site du Mont des Arts, un jardin en cascades depuis 1909, est choisi en 1939, mais on ne commença la construction qu'en 1954. Le palais, dégradé, était condamné; on a cependant gardé l'aile sud, remarquablement restaurée en 1976. L'aile centrale et l'aile gauche font aujourd'hui partie des Musées Royaux des Beaux-Arts de Belgique.

Pénétrons à présent chez le prince.

L'hémicycle donne accès, par deux portes, à une entrée circulaire, entourée d'une colonnade dorique; cette entrée permettait aux voitures et aux carrosses de s'arrêter à l'abri des intempéries; son diamètre est suffisant pour que les véhicules puissent tourner et sortir par l'autre porte. Lors de la construction, cette rotonde avait connu, paraît-il, des problèmes de voûte et des effondrements; l'architecte Faulte, excédé, se tint, dit-on, au centre du cercle lorsqu'on enleva les étançons, préférant être éventuellement écrasé sous les décombres si la voûte, cette fois, ne tenait pas. Il survécut!

Le visiteur est accueilli ensuite, dans une majestueuse cage d'escalier, par une très belle statue de marbre, signée Laurent Delvaux et datée de 1770. Sculptée aux traits de Charles de Lorraine, qui l'avait commandée en 1768, elle représente Hercule. A ses pieds, une corne d'abondance, une salamandre, des feuilles de chêne. Sur la massue, l'initiale couronnée de Charles, deux fois la croix de Lorraine et la croix de l'ordre teutonique, dont le duc était grand-maître.

Hercule, demi-dieu de la mythologie grecque, fameux pour sa force et ses exploits de justicier (dont les douze travaux), porte la dépouille du lion de Némée (le premier des travaux fut de tuer cet animal, dont aucune flèche ne pouvait trouer la peau; la massue du héros se brisa contre le lion et Hercule dut l'étouffer; il l'écorcha et employa sa peau comme cuirasse). A l'arrière, on peut reconnaître l'hydre de Lerne (son deuxième travail: tuer ce serpent au souffle empoisonné et aux neuf têtes qui repoussaient à chaque décapitation; un brandon empêcha les têtes de se développer; Hercule les coupa, puis trempa ses flèches dans le sang venimeux du monstre et les rendit ainsi empoisonnées). Après son troisième travail (vaincre à la course une biche aux cornes d'or et aux pieds d'airain), Hercule eut à capturer le sanglier d'Erymanthe qu'on voit ici enchaîné à ses pieds. Ensuite le héros extermina de ses flèches les oiseaux du lac Stymphale, qui se nourrissaient de chair humaine et avaient les serres et le bec en airain, après les avoir fait s'envoler au bruit de cymbales. Ses deux travaux suivants furent de dresser le Minotaure, taureau de Crète du roi Minos, et de nettoyer les nauséabondes écuries d'Augias, roi d'Elide (il fallut percer une ouverture dans le mur des écuries et détourner le fleuve Alphée pour que le torrent traversât les lieux couverts de fumier). Le huitième travail fut de rassembler les chevaux du roi Diomède, cavales qui crachaient le feu et mangeaient les hommes (Hercule leur donna Diomède à dévorer). Il lui fallut encore prendre la ceinture de la reine des Amazones (guerrières des bords de la mer Noire qui vivaient sans hommes); ensuite il ramena les bœufs roux du géant Géryon; au cours du voyage, arrivé au détroit qui sépare l'Europe de l'Afrique, Hercule éleva deux colonnes, une sur chaque continent (Gibraltar). Comme onzième travail, Hercule dut se procurer les pommes d'or du jardin des Hespérides, filles de l'Etoile du Soir (sur sa route, il rencontra le géant Atlas qui soutenait la voûte du ciel); dans sa main droite, l'Hercule de

notre statue tient trois des pommes d'or; rappelons, pour en terminer avec Hercule, que son dernier travail fut d'enchaîner Cerbère, le chien à trois têtes, gardien des Enfers.

Quelques-uns des exploits du héros sont illustrés aussi dans les onze panneaux de bronze ajouré et doré de la rampe d'escalier, réalisée par le Nivellois Adrien Anrion, un élève de Delvaux. L'escalier et la rampe ont été emportés par les troupes révolutionnaires françaises en 1796. Les marches de marbre ont été remplacées en 1885; les reliefs de la rampe ont été refaits, selon les originaux, en 1888, par le Liégeois Léon Mignon (1847-1898). Ont encore participé à la décoration du palais Philippe Jean Augustin Olivier, dit Olivier de Marseille (Marseille 1739 - Bruxelles 1788), qui succède à Delvaux comme sculpteur de la cour, Bernard Verschoot (Bruges 1728 - Bruxelles 1783), Louis Pierre Legendre, peintres de la cour, et des élèves de Delvaux tels que Abeets, Cramillon et G.L. Godecharle.

Le choix de Charles de se faire représenter en Hercule rappelle son goût pour le symbolisme et son intérêt pour l'alchimie. Hercule est, en effet, un symbole de l'adepte, l'Homme qui, par ses efforts, tente d'arriver à l'Or, ou à la Pierre philosophale, à la Perfection de soi, à la Vérité, à la Lumière... Les interprétations alchimiques ne seront pas approfondies ici; rappelons seulement que les alchimistes, au premier degré, cherchaient à fabriquer de l'or, manipulaient les métaux, s'intéressaient aux quatre éléments et fouillaient la terre; ces démarches peuvent se comprendre par la recherche de ce qu'on a de plus précieux au fond de soi. Très vite, l'alchimie devient un mouvement ésotérique, au symbolisme hermétique. Ajoutons que les représentations symbolistes sont fréquentes au XVIIIe siècle.

La coupole du XVIIIe siècle ne comportait pas de lanterneau et avait été peinte, en 1769, par Verschoot, qui y avait représenté Hélios, le soleil, entouré des quatre saisons. Lorsqu'on perce le lanterneau, en 1877 ou en 1883, une nouvelle composition, de Joseph Stallart (1825-1903), représente, elle aussi, les quatre saisons.

Les bas-reliefs en stuc du palier ont un symbolisme évident. L'ensemble fut exécuté vers 1764 d'après des dessins de Faulte, par le stucateur Cramillon, ainsi que les chapiteaux et les entablements corinthiens. Le premier message, le demi-cercle au-dessus de la porte, est l'essence même de l'ésotérisme: l'hermétisme et la règle d'or du silence; un angelot chevauche un sphinx en faisant le signe du silence; le sens est clair: «Gardons nos secrets en nos cœurs»... Le serpent qui s'enroule à son bras peut rappeler le caducée de Mercure (Hermes), maître du savoir occulte, ou le risque de toute révélation inconsidérée. La guirlande bordant le motif pointe vers une sorte de sein, qui pourrait être le symbole de l'or, ou de la pierre philosophale qu'il faut nourrir du lait (mercure) issu du soleil nourricier.

Un sein identique se retrouve au-dessus du motif qui fait face et qui surmonte la quintessence (cinquième essence, issue des quatre éléments). L'angelot est cette fois entouré d'un coq (animal de Mercure, symbole du matin et héraut de la lumière, repris sur nos clochers), d'une ruche (paix, ou miel considéré comme don de nourriture) et d'un tronc brisé dont une branche reverdit avec une feuille de chêne (espoir, arbre de vie dont le fruit est la pierre philosophale). L'angelot écrase un scorpion jailli de la terre (matière première). Il porte, comme un fardeau, un faisceau qui contient trois malédictions: la pelle, le dur travail de la terre, la lance qui évoque la guerre, et la crosse qui symbolise le dogmatisme religieux; au faisceau est suspendue une balance en équilibre.

La quintessence présente quatre angelots qui, dans une nuée, répandent les dons célestes, la manne divine, des fruits et des cristaux (cf. cristallisation de la pierre philosophale). Enfin, quatre panneaux rectangulaires illustrent, sans équivoque, les quatre éléments, surmontés chacun par une divinité tutélaire en médaillon. Couronné par Neptune, l'ensemble de l'Eau est suspendu à une coquille Saint-Jacques; un dauphin porte un angelot ailé, au-dessus d'algues croisées, de crustacés, crabes et écrevisses. L'Air, avec l'effigie de Junon, est représenté par des oiseaux (le paon, symbole de Junon, a la queue composée de sphères ou fleurs solaires; une cigogne forme avec sept oiseaux plus petits, un triangle renversé), par des nuées, par la trompette, par quatre angelots soufflants et par des étoiles; notons que le vent soufflé par l'un des angelots se cristallise.

La Terre est surmontée par Rhéa-Cybèle (la Terre-Mère), coiffée d'un château; elle se reconnaît au globe, aux symboles agricoles (blé, instruments aratoires, fruits); l'ensemble est suspendu à une gueule de lion; le lion, en tant que quadrupède, représente la terre (il est l'animal symbole de Cybèle). L'enfant tient une rose, qui pourrait être la pierre philosophale, et porte lui aussi un château sur la tête (représentation de l'athanor, lieu où l'Œuvre alchimique doit être accompli, ou peut-être simplement la représentation d'une ville, de Bruxelles).

Le quatrième et dernier élément, le Feu, est bien entendu surmonté de Vulcain. L'ensemble est suspendu par une chaîne (cf. forges) à une sphère ailée d'où partent des éclairs, le feu céleste. L'angelot travaille sur l'enclume: il forge les armes de l'adepte, ou la cuirasse, décorée d'une tête de Méduse; à ses côtés, un braséro flambant. Enfin, trois grenades enflammées, considérées comme fruits de l'Enfer, symbolisent la pierre philosophale et ses trois composants, le soufre, le mercure et le sel, qu'il fallait calciner trois fois.

Quittons l'alchimie et entrons maintenant dans la rotonde, l'un des salons de réception du duc Charles de Lorraine. Cette fois, les stucs représentent des trophées guerriers; on peut rappeler que Charles fut général en chef des armées impériales, qu'il avait une certaine réputation militaire et que lui-même était assez fier de ses nombreuses campagnes, même si elles ne furent pas toujours victorieuses. Le plafond comporte une très belle corniche; le thème militaire se retrouve à la coupole, peinte par Verschoot : on y voit l'apothéose d'un guerrier cuirassé et lauré (peut-être Charles lui-même). De cette salle, le duc avait un accès direct à sa chapelle (actuellement temple protestant indépendant de notre musée).

Les tentures de la rotonde, comme les tentures et revêtements muraux des pièces suivantes, sont des soieries réalisées en 1980, à Lyon, d'après des cartons de

l'époque; ici, c'est une soie 100%, de fond cerise tramé crème. Les dorures sont faites à la feuille d'or. Le pavement en damier noir et blanc est remarquable: ces dalles de marbre ne sont pas carrées, mais vont en s'élargissant et forment des spirales. Il s'agit d'une restauration de 1885, mais qui a maintenu l'étoile centrale d'origine, commandée par Charles de Lorraine et posée vers 1766. L'étoile comporte vingt-huit branches, chacune d'un marbre belge différent, contrastées par la juxtaposition de tons clairs et foncés. La rosette centrale, de marbre blanc, indique les carrières d'extraction (certaines ont disparu ou ont changé de nom). Le gouverneur général, qui recevait ici ambassadeurs et grands personnages du temps, ne pouvait mieux faire la promotion de produits nationaux.

Les cinq salles en enfilade qui forment «les appartements» ont été restaurées, comme l'ensemble du palais, en 1976. Dans la première, le relief, cette fois en bois, est d'Olivier de Marseille, et représente une bassine enflammée posée sur des instruments de musique; les pièces exposées ici illustrent la vie musicale au temps de Charles de Lorraine. Les deux portes sont surmontées de remarquables peintures en camaïeu, et les murs sont couverts de boiseries, dont un volet mobile permet d'observer l'arrivée des visiteurs. Les tentures sont de brocatelle (lin 81% et soie 19%) de coloris or.

La deuxième salle est la plus grande. On ne peut qu'imaginer les riches sièges, les consoles, les trumeaux, les dais, les bureaux, les sculptures, les vases, les girandoles... (certaines appartiennent maintenant à la collection Rothschild en Angleterre). Ici, les stucs du plafond sont d'une décoration géométrique. Les soieries sont de soie 100%, de fond vert avec une trame crème et une bordure assortie. Les objets exposés illustrent la vie du prince et la politique des Pays-Bas autrichiens.

La troisième salle est tendue de toile de soie 100%, de coloris jaune, avec bordure assortie. La frise du plafond représente les activités appréciées par le duc: des groupes d'angelots s'occupent à faire de la musique, de l'astronomie, du jardinage, de la peinture, de la sculpture, de l'architecture... Cette salle veut évoquer les Lumières, la philosophie et la science au XVIIIe.

Les stucs de la quatrième salle, tendue de bleu (toile de soie 100%), sont dus à J. Antonio Moretti et présentent des scènes de chasse (molosses attaquant un cerf, un loup, un renard et un sanglier), des couples et des scènes galantes (Séléné et le berger Endymion endormi, le berger Hymnos qui tente de séduire Nicaea, Adonis qui courtise Aphrodite, Psychè et Eros); les angelots ont des activités qui se rapportent aux quatre saisons. Quelques livres rappellent la littérature du siècle.

La dernière salle est tendue de brocard (fond de satin rouge tramé or); elle a gardé son très beau parquet étoilé, ainsi que la porte camouflée, près de la cheminée. Etait-ce une chambre à coucher? La chambre de Marie-Charlotte, la sœur du prince, lorsqu'elle résidait à Bruxelles? Quatre couples ornent les corniches, tandis que les angles reprennent le thème des quatre éléments: on reconnaît aux activités des angelots ceux qui versent de l'eau, ceux qui jouent avec du feu, ceux qui emploient le souffle et réalisent d'aériennes bulles de savon, et ceux qui s'occupent aux symboles de la terre (un arbre et un quadrupède). Sont rassemblées ici quelques évocations de la cartographie au temps de Charles de Lorraine.

ST REMI
MOUCHENE
DOURLAIR
ESTREE
SOL ST GERY
AGIMONT
ESTREE
SOULN
LARUINE
FRANCHIMONT
THUILIER
GOCHENÉE
BOUFFIOULX
HAIRI
ST ANNE
HAUMONT
SIRET
DEVIGNE
CERFONT
SONNE
BOURLAMB
GROSCHOU
COCHENEE
ZOUDE
PT CAGNE

Cat. 77

MARIE ANNE
PAR LA GRACE DE DIEU
PRINCESSE ROYALE D HONGRIE DE BOHEME
ET DES DEUX SICILES, INFANTE D'ESPAGNE
ARCHIDUCHSSE D'AUTRICHE &c
CHARLES ALEXANDRE DUC DE LORRAINE ET DE BAR
PRINCE DE TOSANE CHEVALIER DE LA TOISON D OR GENE
RAL FELDMARECHAL COMMANDANT EN CHEF DES ARMEES
DE SA MAIESTE, LIEUTENANTS GOUVERNEURS ET
CAPITAINES GENERAUX DES PAIS-BAS AUTRICHIENS

Cat. 104

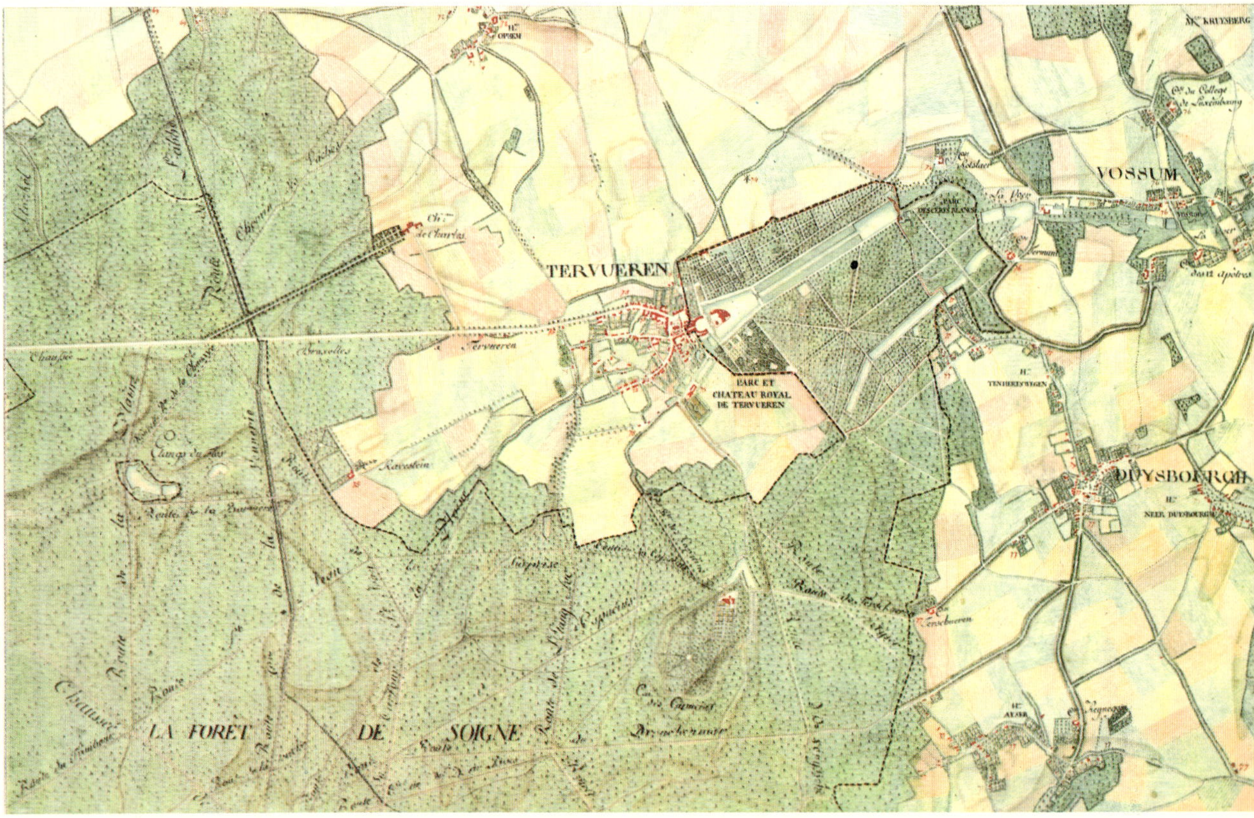
TERVUEREN
VOSSUM
PARC ET
CHATEAU ROYAL
DE TERVUEREN
LA FORÊT DE SOIGNE

Cat. 185

CATALOGUE
DES PIECES EXPOSEES

Les pièces exposées dans les cinq salles appartiennent aux collections de la Bibliothèque Royale. Les gravures sont fournies par le Cabinet des Estampes; quelques-unes sont des phototypies (procédé d'impression à l'encre grasse) d'œuvres conservées à l'Albertina de Vienne (indiquées par le signe α) ou à la Bibliothèque Nationale de Vienne (indiquées par le signe ß).

Salle I
La musique au temps de Charles de Lorraine

Le centre musical de nos régions est essentiellement constitué par la Chapelle Royale des gouverneurs, héritière de la Chapelle de Bourgogne. Charles de Lorraine, passionné d'art et de fêtes, amateur éclairé, la protège très activement et augmente sensiblement ses effectifs (qu'il paie de sa cassette personnelle, 12.500 florins par an); elle se compose d'une bonne vingtaine de musiciens, instrumentistes (3 premiers violons, 3 seconds violons, 2 altos, 2 violoncelles, 1 contrebasse, 2 hautbois, 1 flûte traversière, 2 organistes) et chanteurs (2 altos, 2 ténors, 2 basses, 2 enfants de chœur).

A la demande du prince, sa Chapelle organisait sérénades, concerts, services religieux, et fournissait des fonds musicaux pour fêtes et repas. A côté des musiques de cérémonie, assez pompeuses (Te deum, messes, processions), on trouve une floraison de sonates, de symphonies, de concertos, d'airs de danse... dont on composait la musique ou dont on importait les partitions.

De nombreux «Belges» ont participé à l'édification de la musique du temps. Citons la famille Fiocco — Pierre Antoine (Venise 1650 - Bruxelles 1714), maître à la Chapelle du Sablon, ainsi que ses fils Jean Joseph (Bruxelles 1686-1746), maître de Chapelle à la Cour, et Joseph Hector (Bruxelles 1703-1741), violoniste à la Chapelle Royale; Henri de Croes (Anvers 1705 - Bruxelles 1786), l'un des directeurs de la Chapelle; Josse Boutmy (Gand 1697 - Bruxelles 1779) qui y tenait l'orgue et le clavecin; Pierre Van Maldere (Bruxelles 1724-1768) (n° 11); Ignace Vitzthumb (Baden 1720 - Bruxelles 1816) (n° 12), directeur de la Chapelle Royale et surnommé «fiston» à cause de son patronyme; Ferdinand Philippe Staes (Bruxelles 1748-1809) (n° 13); les Godecharle — la basse Jacques Antoine (Bruxelles 1713-1782) et ses fils, Eugène Charles Jean (Bruxelles 1742-1814), violoniste (n° 14), Joseph Antoine (Bruxelles 1746-1829), hautboïste, Louis Joseph Melchior (Bruxelles 1749-?) et Lambert François (Bruxelles 1753-1819), chanteurs; Charles Joseph Van Helmont (Bruxelles 1715-1790) (n° 15) et son fils Adrien Joseph (Bruxelles 1747-1830), fondateur en 1813 d'une école qui allait devenir le Conservatoire de Bruxelles; «notre» André Ernest Modeste Grétry (Liège 1741 - Montmorency 1813) (n° 9 et n° 10).

Bruxelles comportait quantité de centres musicaux, indépendants ou attachés aux grandes familles ou aux églises: le Théâtre du Coffy (rue de la Colline), le Théâtre du Quai au Foin, le Concert Bourgeois (rue de Bavière jusqu'en 1755, puis rue de la Paille), la Société de Concerts et Bals, des troupes d'opéra, en français ou en néerlandais. Il y avait surtout le Grand Théâtre, ou Théâtre de la Monnaie, fondé en 1700, décoré par le peintre Servandoni, et qui donnait des représentations les dimanches, mardis et jeudis; le gouverneur y louait, pour 6000 florins, deux loges à l'année et y était assidu, tant pour le plaisir de la musique que pour celui des contacts et des ovations. On y jouait des spectacles de circonstance, des opéras-comiques français (ex. Grétry n°10), des opéras-bouffes italiens (ex. Scarlatti, n° 6), des tragédies en musique (ex. Rameau, n° 19), des opéras nouveaux (ex. Glück, n°18), des ballets, des comédies (ex. Molière, Regnard, Marivaux, Dancourt), des tragédies (ex. Racine, Corneille, Voltaire), des farces de la commedia dell'arte; la Monnaie organisait aussi des bals, et même, par périodes, une salle de jeu. De 1755 à 1759, le directeur fut d'Hannetaire, un comédien parisien, dont la femme, les filles Angélique et Eugénie, et la nièce Rosalinde étaient de toutes les distributions et très introduites dans la «société»; depuis 1763, les artistes de la Monnaie portaient le titre de «Comédiens ordinaires de S.A.R. le prince Charles de Lorraine».

1. Antoine Jean Duclos, *Le Concert Bourgeois* (Mode des concerts privés; ici, dans une rotonde, une nombreuse assistance écoute des musiciens et une chanteuse groupés autour d'un clavecin; elle chante probablement une cantate, genre nouveau.)

et 2. *Le Bal*, 1774, épreuves rognées 298 x 417.

Deux gravures à l'eau-forte, d'après des dessins (1773) du graveur du roi, Augustin de Saint-Aubin (Paris 1736-1807), qui laisse une œuvre considérable de plus de 1300 pièces cataloguées; Duclos (Paris 1742-1795) était son élève.

Cabinet des Estampes, S n°, folio

3. Wolfgang Amadeus Mozart, *Sonate pour le clavecin ou pianoforte, composé* (*sic*) *par Mr. W.A. Mozard* (*sic*), Œuvre XVII, K.V.294 Berlin, c. 1793.

Musique, 1272 C

et 4. Buste de Mozart.

On ne pouvait évoquer la musique du XVIIIe siècle sans citer Mozart (Salzbourg 1756-Vienne 1791), dont les trente-cinq ans d'existence nous ont laissé quelque six cents compositions. Dès son enfance, Mozart, qui avait joué déjà devant les empereurs Marie-Thérèse et François, parcourt l'Europe et donne récitals et concerts. Il vient aux Pays-Bas (Liège, Tirlemont, Louvain, Bruxelles, Mons) à l'âge de sept ans, entre le 2 octobre et le 15 novembre 1763, avec son père et sa sœur Nannerl, et se fait entendre par Charles de Lorraine; les notes de voyage de Léopold Mozart évoquent quelques incidents (comme une roue cassée près de Tirlemont, et un repas pris dans une auberge de rouliers, au milieu des cochons); dans une lettre (datée du 4 novembre 1763) de Léopold Mozart à son ami Lorenz Hagenauer, Léopold s'irrite de devoir attendre: ...“ trois semaines à Bruxelles et le Prince Charles s'est entretenu personnellement avec moi et m'a dit qu'il désirait entendre mes enfants dans quelques jours, mais il ne s'est encore rien passé. Oui, j'ai vraiment l'impression que cela ne donnera rien car le prince ne fait que chasser, bâfrer et picoler, et finalement il apparait qu'il n'a pas un sou... J'aurai certainement encore une bonne addition à payer à l'hôtel, et pour le voyage à Paris, je dois avoir au moins 200 florins en poche.” Il visite pourtant avec admiration le cabinet d'histoire naturelle du prince et il apprécie Bruxelles, où la famille Mozart achète des dentelles en souvenir.

Pendant le délai, le petit prodige autrichien joue devant de nobles assemblées, et travaille à sa première sonate, la *Sonate pour clavecin* K.V.6, publiée à Paris début 1764. A Bruxelles, l'enfant a pu entendre le déjà célèbre Pierre Van Maldere ou Ignace Vitzthumb (orthographié Vicedom par Léopold Mozart); c'est dans nos théâtres aussi que l'enfant découvre la musique française. Après deux ans de tournées triomphales en France et en Angleterre, Mozart, en route vers la Hollande, passera à nouveau par les Pays-Bas en 1765 (Gand et Anvers), et en avril 1766, lors de son retour vers Salzbourg.

cat. 7

5. Joseph Haydn, *Trois quatuors pour deux violons alto et basse*. Paris, s.d. Réserve Précieuse, L.P. 4252 21 C

Ce compositeur autrichien (Rohrau 1732-Vienne 1809), fils d'un charron et d'une cuisinière, peut être considéré comme le père du quatuor à cordes et de la symphonie classique; il a su assimiler les traditions allemandes, italiennes et françaises. Pendant trente ans maître de chapelle chez les princes Estherazy, il fournissait toute la musique demandée.

6. Alessandro Scarlatti, *Il Pompeo* (fac-similé d'un manuscrit conservé à la B.R.) Musique, 7 C 4027/6

Pour illustrer l'école napolitaine, un opéra de Scarlatti (Palerme 1660-Naples 1725), fameux pour les ouvertures «à l'italienne» (vif-lent-vif) et les «aria di capo» (fioritures et roulades). Il a écrit quelque cent vingt-cinq opéras, outre sept cents cantates et oratorios. Au XVIIIe siècle, le genre italien de l'«opera buffa» dispute le succès à la musique française, considérée comme plus cérébrale. Les amateurs, les salons et aussi les philosophes des Lumières prennent passionnément position. A Paris, la fameuse «querelle des Bouffons» oppose le coin du Roy, pour la musique française (Lulli, Rameau) au coin de la Reine, enthousiaste d'une musique sentimentale et expressive, ardemment défendue par Jean-Jacques Rousseau.

7. Jean Sébastien Bach, *Pièces pour la* (*sic*) *luth à Monsieur Schouster*, suite en G, BWV 995. (fac-similé d'un autographe conservé à la B.R.; le musicien écrivait ses titres en français, quitte à faire une faute de genre)

Publications, B 048

Bach (Eisenach 1685-Leipzig 1750), célèbre pour sa musique religieuse, vocale ou instrumentale, l'est aussi pour sa science du contrepoint.

Rappelons ses six *Concertos brandebourgeois*, le *Clavier bien tempéré*, des chorals, des cantates, des concertos, des messes, des préludes, des fugues, des toccatas, des sonates, des suites...

Menant une vie retirée, consacrée à la musique et à sa foi, il a eu vingt enfants de ses deux épouses; moins de la moitié survivent et quatre de ses fils sont des musiciens: le Bach de Halle, Wilhelm Friedemann (1710-1784), le Bach de Berlin, Carl Philipp Emmanuel (1714-1788) (n° 8), le Bach de Bückeburg, Johann Christoph Friedrich (1732-1795), le Bach de Londres (ou de Milan), Johann Christian (1735-1782).

8. Carl Philipp Emanuel Bach, *Versuch über die wahre Art das Clavier zu spielen*, Berlin, 1759. Edition originale.

Réserve Précieuse, L.P. Fétis 6251 A

Le Bach de Berlin (Weimar 1714-1788), claveciniste à la cour de Prusse, est l'un des créateurs de la sonate à deux thèmes; il s'illustre aussi en pédagogie musicale, comme dans le présent essai sur la vraie manière de jouer des instruments à clavier; à l'inverse de Rameau, il part de la pratique de l'instrument pour aller vers la théorie. Il était parmi les musiciens préférés de Frédéric II ou de Diderot, qui va le voir à Hambourg en 1774.

9. Louis Jacques Cathelin, *Portrait de Grétry*, 295 x 208.

Burin par Cathelin (Paris 1739-1804) (n° 143 et n° 164), qui grave sur cuivre d'après le tableau peint par Elisabeth Vigée-Lebrun (Paris 1755-1842), élève de Greuze.

Chalcographie, 3285 B

et 10. André Ernest Modeste Grétry, *La fausse Magie*, Opéra. Paris, 1782.

Réserve Précieuse, L.P. VI 40.666 B

Grétry (Liège 1741-Montmorency 1813) apprend la musique dans les maîtrises d'église . Vers douze ans, il entend à Liège une troupe de chanteurs italiens, ce qui détermine son goût pour une musique «sentimentale», et il se lance dans la composition. En 1761, il obtient un subside pour aller étudier la musique à Rome, où il se rend à pied. Lors de son retour, en 1767, il s'arrête à Genève et va voir Voltaire à Ferney; celui-ci lui conseille d'aller à Paris. Grétry y attend, pauvre et seul, qu'un protecteur s'intéresse à sa musique, très neuve pour son temps. En 1768, c'est un succès foudroyant, avec *Les Mariages samnites* et avec *Le Huron*. Les œuvres suivantes sont reçues avec une admiration enthousiaste; il est louangé par Diderot, par Grimm, par Rousseau qui copie ses partitions, par Marmontel qui écrit plusieurs de ses livrets, par Marie-Antoinette qui demande la primeur de ses opéras pour la cour. Vers 1777, cependant, commence sa rivalité avec Gluck, dont la musique est plus puissante et qui est protégé par son ancienne élève, Marie-Antoinette. A la soixantaine, Grétry, qui a perdu successivement ses trois filles, renonce à la composition pour se lancer dans la littérature: il écrit des *Mémoires* (1789-1797), *De la Vérité* (1801), et, à l'Ermitage (qu'il avait acheté parce que Rousseau y avait séjourné), les neuf volumes de *Réflexions d'un solitaire*.

11. Pierre Van Maldere, ***A Periodical Overture in eight parts*****.** London.

Réserve Précieuse, LP 3534 C

et *VI Sonatas for two violins with a bass for the harpsicord or violoncello***.** London, 1756 (partition offerte par M.W. Van Rompaey).

Petit-fils et fils de maîtres d'école bruxellois, Van Maldere (Bruxelles 1729-1768) avait appris le latin, l'histoire sainte, le français et la musique; enfant de chœur à la Chapelle Royale, il y révèle ses dons de violoniste et, à moins de vingt ans, y devient premier violon. En 1751, il part pour deux saisons diriger les Concerts Philharmoniques de Dublin, et, en 1754, il fait sensation aux Concerts Spirituels de Paris. Il donne ensuite des concerts en Allemagne, à Vienne, en Bohême. En 1757, il accompagne Charles de Lorraine à Vienne et joue devant l'impératrice. Mozart et Haydn ont admiré ses œuvres. De 1761 à 1768, il assume la direction artistique du théâtre de la Monnaie. Van Maldere était un ami du prince, qui, en 1768, fera célébrer ses obsèques à Saint-Jacques sur Coudenberg.

12. Antoine Alexandre Joseph Cardon l'aîné, ***Portrait d'Ignace Vitzthumb*****,** gravure au burin, 370 x 280 .

Cardon (Bruxelles 1739-1822) (n° 32, n° 70 et n° 124) étudia à Vienne, à Rome et à Naples, et fut professeur à l'Académie de Bruxelles. Son fils Antoine Cardon le jeune (Bruxelles 1772-Londres 1813) fut également un graveur célèbre (n° 37).

Cabinet des Estampes, S.I 2293

Vitzthumb (Baden 1720-Bruxelles 1816), qui avait étudié chez les oratoriens écossais de Vienne, arrive en Belgique très jeune et devient enfant de chœur de la gouvernante Marie-Elisabeth; de 1756 à 1763, pendant la guerre de sept ans, il s'engage dans un régiment de hussards, où il était timbalier. Il s'installe à Bruxelles, et, à partir de 1766, il est chef d'orchestre, puis, jusqu'en 1777, directeur de la Monnaie, dont le répertoire devient plus lyrique; il succède alors à De Croes comme Maître de la Chapelle Royale. Il crée, pour un temps, un opéra flamand situé d'abord à l'actuelle place des Martyrs, ensuite sur deux péniches, qui faisaient des tournées par les fleuves et les canaux, en Flandre et en Hollande. Il laisse des motets, des symphonies, des messes et des opéras (l'un sur un livret du prince de Ligne). En 1791, il fut démis pour «inconduite»: il s'agit d'une inconduite politique en rapport avec la Révolution brabançonne de 1789.

13. Ferdinand Staes, ***Trois sonates pour clavecin ou le forte piano avec accompagnemens*** *(sic)* ***d'un violon et violoncelle*****.** Bruxelles.

Réserve Précieuse, LP II 62.460 C 1

Staes (Bruxelles 1748-1809), claveciniste et organiste à la Chapelle Royale, dédia cette partition à Charles de Lorraine.

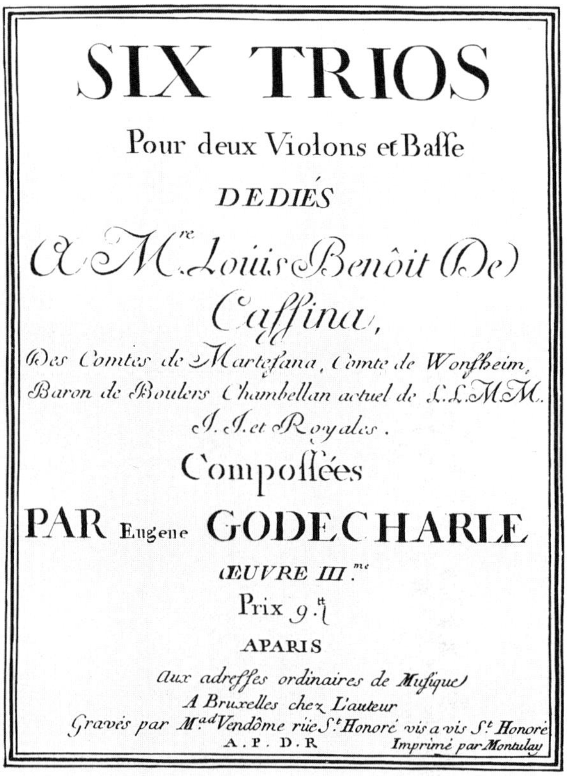
SIX TRIOS

Pour deux Violons et Baſſe

DEDIÉS

A M.re Louis Benoît De Caſſina,

Des Comtes de Marteſana, Comte de Wonſheim, Baron de Boulers Chambellan actuel de L.L.M.M. I. I. et Royales.

Compoſſées

PAR Eugene GODECHARLE

ŒUVRE III.me

Prix 9.lt

A PARIS

aux adreſſes ordinaires de Muſique

A Bruxelles chez L'auteur

Gravés par M.ad Vendôme rüe S.t Honoré vis a vis S.t Honoré

A. P. D. R Imprimé par Montulay

14. Eugène Charles Jean Godecharle, *Six trios pour deux violons et basse*. Opus III, composé entre 1765 et 1774. Unicum (fac-similé d'un exemplaire unique conservé à la B.R.). Publications, B 049

La famille Godecharle était prolifique en musiciens; le père, Jacques Antoine (Bruxelles 1713-1782), basse à la Chapelle Royale, eut quatre fils qui tous y firent valoir leurs dons musicaux; Eugène Charles Jean (Bruxelles 1742-1814), le violoniste, était l'aîné.

15. Charles Joseph Van Helmont, *Six ouvertures pour deux violons et basse*. Bruxelles c. 1750. Musique, 4375 B

Issu d'une lignée de savants, de littérateurs, de peintres et de musiciens, Van Helmont (Bruxelles 1715-1790) était directeur de la Chapelle Royale; il joue dans diverses églises de Bruxelles, et fonde une société musicale qui donnait des concerts hebdomadaires et se louait pour les bals. Il a composé de nombreuses œuvres, dont un *Divertissement*, en 1749, pour le retour de Charles de Lorraine. La partition présentée porte un beau titre gravé, de style rococo, orné d'anges musiciens et des armoiries du dédicataire, le bourgmestre de Bruxelles.

16. Luigi Boccherini, *Six Quintettes*, Paris, sd.
Musée de l'Imprimerie, MIB 170

Le compositeur et violoncelliste italien Boccherini (Lucques 1743 - Madrid 1805) est l'un des maîtres de la musique de chambre classique; il est l'auteur d'admirables concertos pour violoncelle, de quatuors et d'œuvres diverses, dont son fameux menuet.

17. François Couperin, *Pièces de clavecin*. Paris, 1713.
Réserve Précieuse, LP Fétis 2947 C

Couperin (Paris 1668-1733) était claveciniste et organiste du roi et ses œuvres étaient jouées aux Concerts Royaux.

18. Christophe Gluck, *Orfeo e Euridice*. Paris, sd.
Réserve Précieuse, LP Fétis 2575 C

Gluck (Erasbach 1714 - Vienne 1787) commence par écrire des opéras dans le style italien. Après divers voyages (Londres, où il rencontre Haendel et où il joue de l'harmonica de verres; puis en Allemagne et en Italie), il s'installe à Vienne en 1752, et devient maître de chapelle de Marie-Thérèse. Rénovant l'opéra, qu'il rend plus naturel, il compose le rententissant *Orphée et Eurydice*, représenté à Vienne en 1764. Ses œuvres sont jouées à Paris grâce à l'appui de Marie-Antoinette qui avait été son élève; il révolutionne le monde musical: deux partis se forment en 1776-77, les «gluckistes» et les «italianistes» ou «piccinistes» (Piccini 1728-1800).

19. Jean Philippe Rameau, *Code de Musique pratique*. Paris, Imprimerie royale, 1760.
Musique, VH 9795 B

Organiste et claveciniste, Rameau (Dijon 1683-Paris 1764) est l'auteur d'un *Traité de l'Harmonie* (1722) et d'autres ouvrages de théorie musicale. Il compose des opéras, des ballets, des pastorales, des cantates... Il était très admiré par d'Alembert et Diderot, mais peu apprécié par Rousseau.

20. Jean-Jacques Rousseau, *Dictionnaire de Musique*. Paris, 1768.
Musique, V.B. 5048 B

Ecrivain et philosophe, Jean-Jacques (Genève 1712 - Ermenonville 1778) (n° 157 et n° 158) avait commencé par être copiste de musique; il invente, en 1742, une notation musicale chiffrée qui sera refusée par l'Académie de Paris. Il compose, par exemple, l'opéra *Le Devin du Village*, dont la Bibliothèque Royale possède un fragment autographe. Très engagé dans la «Querelle des Bouffons» évoquée plus haut (n°6), il a entretenu avec Rameau une longue polémique, qui aboutit à ce dictionnaire, assez partial à l'égard de la musique française. Rousseau fut chargé des articles sur la musique de l'*Encyclopédie*.

Salle II
Vie culturelle et politique autour du prince

La cour de Bruxelles au XVIIIe siècle est brillante et représentative de l'esprit du temps: frivole, philosophique, sentimental, foisonnant d'idées... Séjour presque obligé des exilés, carrefour entre les grandes puissances, la «Belgique» est le reflet de toutes les influences, teinté cependant de traditions locales.

Le mécénat du prince et des grands, la bonne gestion du gouvernement, ainsi que les périodes de paix, permettent au pays un redressement économique et culturel; en architecture et en urbanisme, c'est une succession de grands travaux (palais princiers à Bruxelles, Tervuren et Mariemont, riches hôtels, constructions publiques et religieuses, aménagements de la place Royale, du quartier du Parc, de la place des Martyrs...); les arts sont à l'honneur et Charles de Lorraine donne l'exemple en collectionnant tableaux, sculptures, bijoux, bibelots, porcelaines, livres... (il a une bibliothèque impressionnante, tout comme son ministre Cobenzl); le gouverneur enrichit ses nombreux cabinets d'étude, qu'on appelait cabinets de curiosités; il veille sur ses jardins, d'agrément et de botanique scientifique; un public averti et assidu s'intéresse à la musique et au théâtre (Charles de Lorraine fait donner des représentations dans ses palais ou ses jardins, et dessine lui-même des décors); les fêtes, mascarades et bals attirent une société brillante et gaie ; son numismate Mangeart surnommait Charles de Lorraine le «Prince-Soleil». Ce dernier est, en fait, très représentatif du siècle des Lumières, avec un mélange d'hédonisme et de curiosité scientifique, d'ésotérisme et de rationalisme, de foi en l'homme et de despotisme éclairé.

La politique des Pays-Bas autrichiens est évidemment celle des empereurs; mais Bruxelles est loin de Vienne, et l'Autriche doit tenir compte des tendances locales. Nos régions sortent ruinées des guerres du XVIIe siècle entre la France et l'Espagne, et les Habsbourg d'Autriche les avaient reçues sans enthousiasme; le choix de Charles de Lorraine comme gouverneur général s'est avéré excellent; si Vienne a pu se louer de nos substantielles contributions, et si les Pays-Bas ont pu connaître un nouvel essor, c'est en partie grâce à l'action de ce prince et de ses ministres.

Pourtant, les circonstances politiques extérieures ne nous sont guère favorables: le traité de la Barrière de 1715 maintient la fermeture de l'Escaut et nous impose des fortins et soldats étrangers à entretenir; les gouverneurs et ministres envoyés par l'Autriche n'avaient pas souvent géré le pays à notre avantage; nous espérions beaucoup du nouveau gouverneur Charles de Lorraine et nous n'avons pas été déçus; il a cependant fallu l'attendre jusqu'en 1749: le prince guerroyait et la France nous occupait.

C'est donc surtout dans la seconde moitié du siècle que nous connaissons un nouvel essor. Et si la fin du siècle voit une révolution, c'est que les mesures de Joseph II ne sont plus atténuées par la bienveillance de Charles de Lorraine, qui meurt en 1780. De 1786 à 1789 l'opposition gronde et éclate finalement dans la Révolution brabançonne.

21. A. Du Boulois, *Portrait de Charles-Alexandre, duc de Lorraine, gouverneur des Pays-Bas autrichiens*, 1774, 417 x 286.

Gravé au burin par un portraitiste lillois, d'après Louis Pierre Legendre, peintre à la cour de Bruxelles. Cabinet des Estampes, S. 0385

Charles de Lorraine (Lunéville 1712 - Tervuren 1780) porte ici la perruque bouclée, la cravate de dentelle, le manteau doublé d'hermine, la cuirasse, et, au cou, la croix de l'ordre teutonique (n° 36); il a la main posée sur un bâton de maréchal et, à ses côtés, un casque empanaché. Sous le médaillon, au cadre ovale brisé, les armes du prince dans un cercle, avec deux aigles portant la croix de Lorraine. Sur le socle, un quatrain (Qui voulut peindre un héros citoyen / Dont l'âme aussi noble que belle / Aimât, connût et fît le bien, / Ne chercha pas loin son modèle) dont l'auteur, Pierre Antoine de la Place (1707-1793), était un familier du prince de Ligne.

22. François Harrewijn, *Portrait de Charles-Alexandre, duc de Lorraine et de Bar* (le duché de Bar ou Barrois fut rattaché à la Lorraine au XVe siècle), eau-forte et burin, 493 x 370.

Gravé vers 1750 par François Harrewijn (Bruxelles 1700-1764) (n° 71), un des onze enfants du graveur Jacob Harrewijn; graveur et médailliste, François passa plus d'un an au service du roi du Portugal; puis il servit Charles VI, et enfin Charles de Lorraine. Il était attaché au Bureau des Ouvrages de la Cour.

Cabinet des Estampes, S.I 23106, plano

Cette gravure est, à elle seule, une sorte de biographie du prince; debout dans son cabinet d'étude, Charles est vêtu de l'habit de cour, brodé (coquetterie et vie mondaine), avec des bas de soie blancs (culture du mûrier et élevage des vers à soie qu'il voulait introduire à Tervuren); au cou, il porte la Toison d'Or (goût des décorations et des «sociétés»); le meuble, à ses côtés, est un médaillier, comme le montre un tiroir entrouvert (collection numismatique, pour laquelle, en 1751, il acheta, très cher, le médaillier de la reine Christine de Suède), meuble en ébène recouvert de lames d'argent, de pierres précieuses, d'émaux, de cabochons et de camées, sculpté d'un aigle à la croix de Lorraine (souvenir constant de son pays natal); sur le meuble, deux parchemins déroulés: l'un représente un champ de bataille traversé par un fleuve où des barques vont former un pont (rappel du fameux passage du Rhin en 1744, n° 178), l'autre montre le bâtiment en fer-à-cheval que Charles de Lorraine fit construire à Tervuren (goût des constructions); il pose la main sur une couronne fermée qui désigne l'Altesse royale (il était très fier de ses titres), tandis que la couronne qui surmonte le riche fauteuil garni de tapisserie (goût du mobilier luxueux) rappelle le titre ducal; le bâton de commandement illustre la stratégie (il était généralissime des armées impériales), ainsi que le fût de canon; le buste d'Apollon et la palette de peintre évoquent son goût pour les beaux-

Charles Alexandre
Duc de Lorraine et de Bar. &a. &a.

arts, les livres rappellent ses bibliothèques; une partition, un violon et un violoncelle montrent son intérêt pour la musique; son goût des sciences est illustré par la sphère terrestre, le globe, le compas, le cadran solaire, le télescope, la longue-vue, la machine électrostatique; sa passion pour la chasse est présente par le fusil; une curiosité: à ses pieds, un miroir à anamorphose cylindrique...

Sans être véritablement homme de science, Charles avait l'esprit scientifique: il aimait pratiquer lui-même des expériences de chimie, de physique, de mécanique (ex. machine à dessaler l'eau de mer), de médecine (ex. emplâtres, onguents, potions), d'électricité (une lettre du fils de Benjamin Franklin (1706-1790) raconte le voyage qu'ils ont fait dans nos régions en 1761; on y lit: «A Bruxelles, nous nous sommes rendus chez le prince Charles de Lorraine; dans son cabinet, plein d'Art et de Nature, nous avons vu un appareil destiné à essayer les expériences en électricité de mon père»). Il possédait les instruments requis (microscopes, lunettes astronomiques...) et les ouvrages théoriques à consulter; ses collections étaient classées (ex. herbiers classés selon Linné) et ses «cabinets» étaient dirigés par des spécialistes.

Les cabinets de collectionneurs étaient à la mode au XVIIIe siècle (cf. celui de François Xavier Burtin, médecin de Charles de Lorraine et auteur, en 1784, d'une oryctographie de Bruxelles: l'étude des fossiles naturels rejoint l'esprit des Lumières, mettant en cause la chronologie biblique); celui que le prince consacrait à l'histoire naturelle était parmi les meilleurs d'Europe; l'inventaire de ce cabinet, fait après sa mort et envoyé à Vienne en septembre 1780, forme six cahiers et répertorie 5300 échantillons (pétrifications, fossiles, coquillages, minéraux, objets de fouilles et d'art, herbier de 648 plantes de Suisse, liste d'oiseaux de nos régions, 262 plantes de Bruxelles et environs, 1300 échantillons géologiques des Pays-Bas, deux pyramides tournantes, l'une avec 39 métiers et boutiques, l'autre avec les outils correspondants; les personnages et objets étaient sculptés en argent). Il possédait des laboratoires et des ateliers (ex. imprimerie, reliure, matériel de gravure, tour, couvoir artificiel, chauffé au charbon, qu'il avait mis au point), des automates et près de deux cents pendules et montres. Ses intérêts allaient surtout aux manipulations et à la mécanique, et visaient parfois l'industrialisation («fabriques» à Tervuren: papiers peints, indiennes, porcelaine, faïence...).

23. Andreas Johann Pfeffel, *Portrait de l'archiduchesse Marie-Anne d'Autriche* (n° 26), 502 x 331.

Gravé par Pfeffel le vieux (Bischoffingen 1674-Augsbourg 1750) (n° 24), formé à l'Académie de Vienne, graveur de la cour et marchand d'estampes à Augsbourg; il initia à l'art du burin son fils Johann Andreas le jeune (Augsbourg 1715-1768).

Cabinet des Estampes, SIII 19893, plano

Marie-Anne (Vienne 1718-Bruxelles 1744) porte ici une somptueuse robe décolletée, un manteau doublé d'hermine et de riches joyaux. La jeune sœur

Serenissima Princeps
ac
Domina Domina
MARIA ANNA
Archi=Dux Austriæ
nata die 24. September Anno 1718. desponsata
Viennæ die 7. Ian. Aº 1744.

Cat. 23

de l'impératrice Marie-Thérèse, épouse Charles de Lorraine, son beau-frère, le 7 janvier 1744. En cadeau de mariage, le couple reçoit le gouvernement général des Pays-Bas; ils y arrivent par étapes quelques semaines plus tard, et, le 26 mars font leur entrée à Bruxelles dans l'allégresse des fêtes populaires. Ils s'installent dans le vieux palais de Nassau. Dès le mois de mai, Charles doit rejoindre l'armée; il ne reverra plus sa jeune épouse: elle meurt le 16 décembre, des suites d'un accouchement malheureux en octobre (enfant mort-né). Elle avait 25 ans, était mariée depuis moins d'un an et n'aura vécu avec son mari que quatre mois à peine. Enterrée à Ste-Gudule le soir du 20 décembre, elle est l'objet de funérailles solennelles le 4 février 1745. En avril 1749, ses restes, ainsi que ceux de son enfant et de sa tante, la gouvernante Marie-Elisabeth, sont transférés à Vienne et inhumés dans la crypte impériale. Charles ne se remariera pas, et restera donc sans enfants légitimes.

24. Andreas Johann Pfeffel, ***Bal du mariage de Charles de Lorraine et de Marie-Anne d'Autriche***, 60 x 67,3. Gravure sur cuivre d'après J.G. Galli-Bibiena. Cabinet des Estampes ß, III 79366 E

La demande publique en mariage se fit le 1er janvier 1744, avec échange de médaillons-portraits des fiancés (n° 26), la cérémonie le 7, et le somptueux bal du mariage eut lieu à Vienne le 12 janvier. Les journaux viennois du temps en rendent compte avec admiration: le bal, masqué et costumé, organisé dans une salle de manège spécialement décorée par le peintre J.G. Galli-Bibiena, comporta huit mille invités. Certains costumes attiraient particulièrement l'attention: des seigneurs en Américains (Indiens), en Hongrois (Marie-Thérèse avait été couronnée reine de Hongrie en 1741), en Flamands (probablement le costume espagnol)...

25. Gille Edmé Petit, ***Marie-Thérèse, reine de Hongrie et c***., 1743 (âgée ici de 25 ans).

Gravé au burin par Petit (Paris 1696-1760) d'après un tableau peint en 1742 par Martin Van Meytens le jeune (Stockholm 1695-Vienne 1770), qui se fixa à Vienne en 1721, devint peintre officiel de la cour et directeur de l'Académie.

Cabinet des Estampes, fol°, s.n.

Destinée très jeune au trône, grâce à la Pragmatique Sanction imposée par son père Charles VI, Marie-Thérèse (Vienne 1717-1780) assistait aux conseils des ministres dès l'âge de 15 ans. En 1740, elle devient impératrice et gouvernera de main de maître, au cours d'un règne difficile: elle devra combattre, par les armes ou par la diplomatie, le duc de Bavière, l'électeur de Saxe, le roi d'Espagne, le roi de France, et surtout Frédéric II, roi de Prusse, qui lui prendra la minière Silésie. Ses alliés, relativement fidèles, sont l'Angleterre et les Provinces-Unies. Elle règne en despote éclairé; en ce qui nous concerne, sa férule est, dans l'ensemble, bénéfique: fondation de notre académie, collèges thérésiens, essor des sciences et des arts, amélioration de l' économie, mesures parfois progressistes...

Elle semble avoir été très amoureuse de son mari, François de Lorraine, qu'elle épousa en 1736 et qui dut ainsi abandonner la Lorraine à Louis XV. Ils eurent 16 enfants, dont Marie-Antoinette (reine de France) et Joseph II (notre empereur suivant) avec lequel elle partage le pouvoir dès 1765, à la mort de François Ier.

26. Jacques Houbraken, *Portrait de Marie-Anne, archiduchesse d'Autriche* (n° 23), 1747, d'après un portrait inconnu qui doit dater de l'époque du mariage, 278 x 195.

Gravure au burin par Houbraken (1698-1780), fils du peintre-graveur Arnold Houbraken, spécialiste du portrait au burin. Cabinet des Estampes, S.II 20628, 4°

La jeune femme tient dans sa main droite un médaillon contenant le portrait de son fiancé Charles de Lorraine; elle porte une robe de cour, décolletée et ornée de bijoux, et retient un manteau doublé d'hermine. Sur la table, une couronne rappelle son titre.

Au cours de la cérémonie de la demande officielle (1er janvier 1744) les fiancés ont échangé leurs portraits-miniatures; Elisabeth-Christine, mère de Marie-Anne et de Marie-Thérèse, épingla sur l'habit de son futur gendre, le médaillon de la fiancée, entouré de diamants, et estimé à 100.000 florins.

27. *Alle de Gouverneurs van het Nederlandt*. Manuscrits, 16370/72

Manuscrit sur papier, en néerlandais, qui recense les gouverneurs généraux des Pays-Bas et qui est illustré de gravures. L'ouvrage est ouvert sur une représentation assez naïve de Charles de Lorraine.

28. *Albums de Croÿ*, volumes III et XIII. Fac-similés, Bruxelles, Crédit Communal de Belgique, 1985.

Charles de Lorraine acquiert, vers 1754-55, quinze des volumes réalisés par le bibliophile Charles de Croÿ (Beaumont 1560-1612); les 900 vues que notre gouverneur possédait ainsi montrent l'intérêt qu'il portait à nos régions. Les bibliothèques de Charles de Lorraine étaient importantes pour l'époque; un catalogue de 1753, avec classement par matières, comporte environ 3500 titres, soit 10300 volumes, dont 2000 sur la Belgique (histoire, droit, recueils de règlements, clergé, économie, diplomatie, 68 titres de généalogie et d'héraldique des maisons belges...). L'abbé Nelis, chanoine de Tournai, portait le titre de bibliothécaire du prince, mais depuis 1756 et pendant 25 ans, l'abbé normand de Visqueney aura la charge des livres (il était aussi son aumônier et directeur de son cabinet des médailles à partir de 1762). La bibliothèque du duc est encyclopédique, mais avec une préférence pour l'histoire, pour les sciences (ex. œuvres contemporaines de B. Franklin, de Buffon...) et pour l'art militaire. Les sujets concernent surtout l'Europe, mais quelques titres traitent de l'Asie, de l'Afrique, et même des Etats-Unis, qui se rendent indépendants en 1776. Il y a aussi des utopies, de nombreux récits de voyages (cf. Bougainville, Cook) et des collections de cartes. En littérature, ses goûts sont éclectiques, mais vont plus particulièrement aux lettres françaises, surtout au théâtre et à la philosophie.

Le seigneur de Croÿ était un bibliophile du XVIe siècle, dont la «librairie», au château de Beaumont, contenait la bibliothèque la plus remarquable de nos provinces; il gérait un vaste patrimoine disséminé dans nos contrées. Pour mieux connaître ses biens, ainsi que pour son plaisir de bibliophile, il avait ordonné la confection de cadastres (avec vues cavalières et plans coloriés), d'albums (synthèses sur parchemin, avec des vues nouvelles et des dessins sur papier), de «besognés» (descriptions avec vues et plans), de dessins à la plume sur parchemin, de copies sur toile et de gravures; ces œuvres furent réalisées de 1596 à 1612. Après sa mort, la collection fut dispersée et les miniatures souvent éparpillées.

29. *Reconditorum ac reclusorum opulentiae sapientiaeque numinis mundi magni cui deditae in titulum cymica vannus obtenta quidem et erecta auspice mortale coepto*, Amsterdam, 1666. Imprimés, VH 8768 B

Ce titre, dont l'obscurité est propre à l'ésotérisme alchimique, pourrait signifier: Des choses cachées et enfermées dans la richesse et la science de la suprême puissance du monde à laquelle est dédié en titre le crible chimique obtenu et construit par le guide de l'entreprise humaine.

Le livre fut réédité en 1696, mais Charles de Lorraine, qui était sans doute un adepte (cf. cage d'escalier), en possédait la première édition, parmi les 138 livres hermétiques de ses bibliothèques (20 en français et en latin, 110 en allemand, 8 manuscrits). Le XVIIIe siècle est passionné de philosophies hermétiques (franc-maçonnerie, régulière et irrégulière, alchimie, rose-croix, illuminisme, magnétisme) qui allient connaissance et ésotérisme (ex. Saint-Germain, Cagliostro, Mesmer...).

30. Abbé Nicolas Lenglet-Dufresnoy, *Histoire de la Philosophie Hermétique et Catalogue raisonné des écrivains de cette science, avec le Véritable Philalèthe, revu sur les Originaux*, Paris, 1742, 2 vol.

Imprimés, VH 8776 A

Eugène Philalèthe est l'un des principaux auteurs alchimistes, et aussi un maître des rose-croix. L'alchimie, d'origine artisanale, se doubla rapidement d'un symbolisme ésotérique: transmutations pour trouver la pierre philosophale, sens allégorique des quatre éléments, du mouvement circulaire, des personnages mythologiques ou astrologiques, recherche de panacées, secret des étymologies...

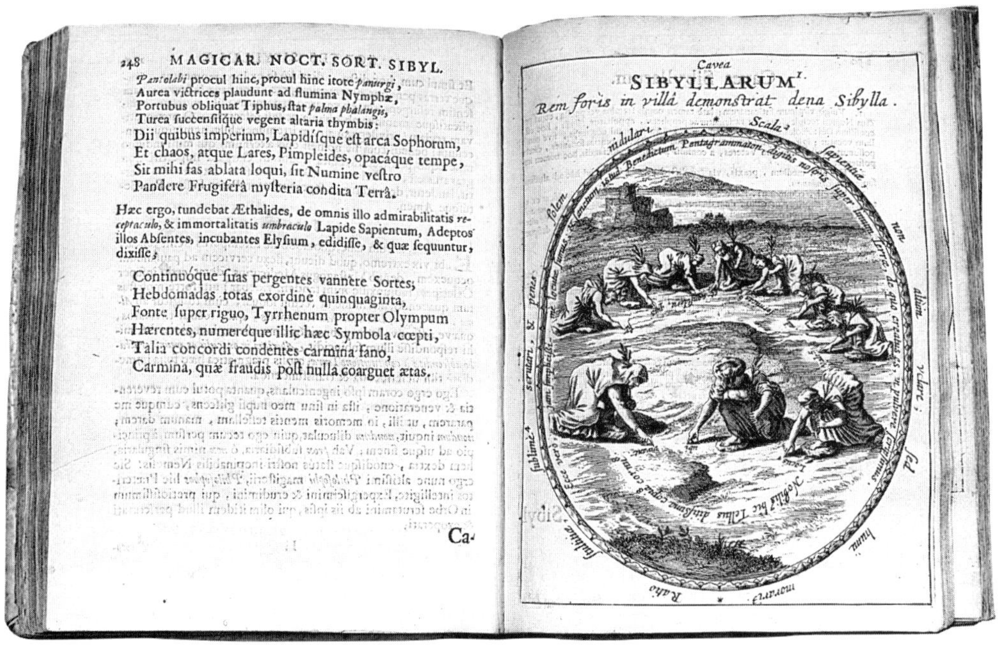
248 MAGICAR. NOCT. SORT. SIBYL.
Pantolabi procul hinc, procul hinc itote panurgi,
Aurea victrices plaudunt ad flumina Nymphæ,
Portubus obliquat Tiphus, stat palma phalangis,
Turea succensisque vegent altaria thymbis:
Dii quibus imperium, Lapidisque est arca Sophorum,
Et chaos, atque Lares, Pimpleides, opacaque tempe,
Sit mihi fas ablata loqui, sit Numine vestro
Pandere Frugiferâ mysteria condita Terrâ.
Hæc ergo, tundebat Æthalides, de omnis illo admirabilitatis receptaculo, & immortalitatis umbraculo Lapide Sapientum, Adeptos illos Absentes, incubantes Elysium, edidisse, & quæ sequuntur, dixisse;
Continuoque suas pergentes vannere Sortes;
Hebdomadas totas exordine quinquaginta,
Fonte super riguo, Tyrrhenum propter Olympum
Hærentes, numereque illic hæc Symbola cœpti,
Talia concordi condentes carmina fano,
Carmina, quæ fraudis post nulla coarguet ætas.
Ca-
Cavea
SIBYLLARUM
Rem foris in villâ demonstrat dena Sibylla.

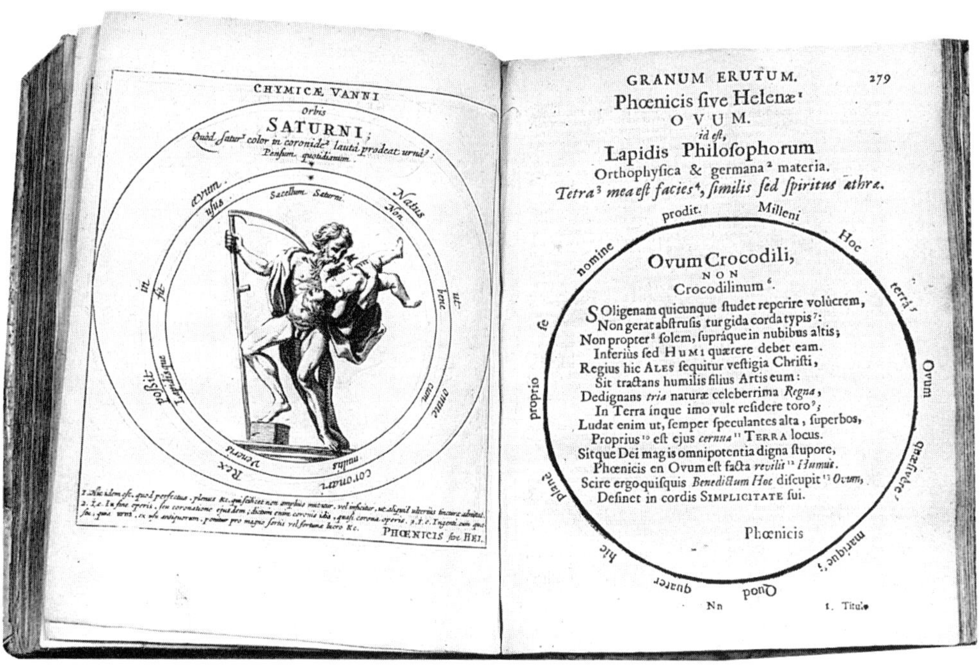
CHYMICÆ VANNI
Orbis
SATURNI;
Pensum quotidianum.
Sacellum Saturni
PHŒNICIS sive HEL.
GRANUM ERUTUM. 279
Phœnicis sive Helenæ
OVUM.
id est,
Lapidis Philosophorum
Orthophysica & germana materia.
Tetra mea est facies, similis sed spiritus æthræ.
Ovum Crocodili,
NON
Crocodilinum.
Soligenam quicunque studet reperire volucrem,
Non gerat abstrusis turgida corda typis:
Non propter solem, supráque in nubibus altis;
Inferius sed HUMI quærere debet eam.
Regius hic ALES sequitur vestigia Christi,
Sit tractans humilis filius Artis eum:
Dedignans tria naturæ celeberrima Regna,
In Terra inque imo vult residere toro;
Ludat enim ut, semper speculantes alta, superbos,
Proprius est ejus cernua TERRA locus.
Sitque Dei magis omnipotentia digna stupore,
Phœnicis en Ovum est facta revilis Humus.
Scire ergo quisquis Benedictum Hoc discupit Ovum,
Desinet in cordis SIMPLICITATE sui.
Phœnicis
Nn

Cat. 29

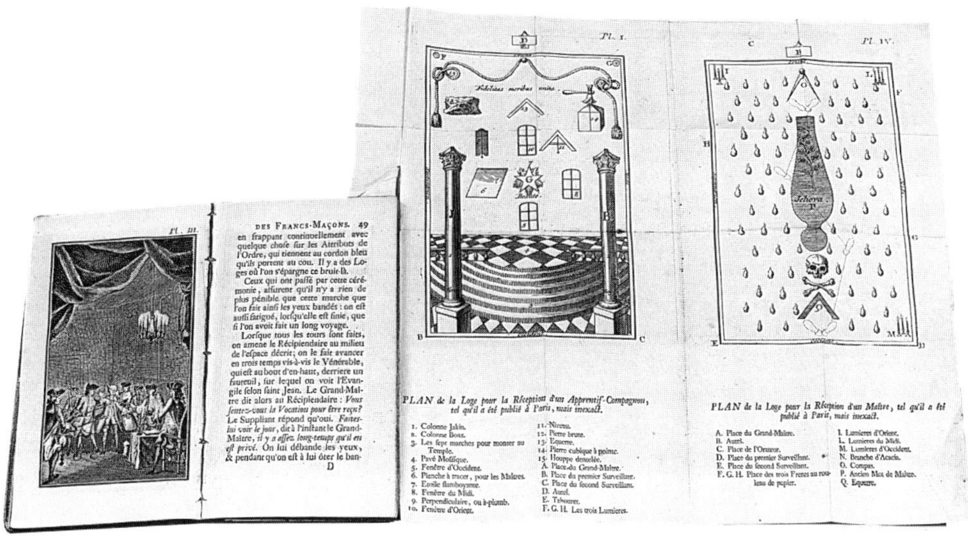

Cat. 31

31. ***L'Ordre des Francs-Maçons trahi et le Secret des Mopses révélé***. Amsterdam, 1763. Imprimés, IV 46917 A

et 32. Cardon l'aîné (n° 12, n° 70 et n° 124), ***Allégorie sur la Concorde*** (vignette maçonnique), eau-forte et burin. Cabinet des Estampes, SV 89771

Charles de Lorraine, dont le frère et les amis étaient francs-maçons, et dont le goût pour l'ésotérisme est évident, était probablement membre de l'ordre. En 1762, il aurait patronné la Loge Saint-Charles, au rite de Saint-André d'Ecosse, qui se réunissait dans la chapelle du palais.

La franc-maçonnerie a des origines lointaines: au moyen âge, les maçons spécialisés, obligés par leur métier à de longues absences, forment des loges, avec un système d'entraide et la transmission de secrets professionnels; avec le temps, ces groupes se transforment en une maçonnerie spéculative, qui se développe au XVIIIe siècle; importée de Grande-Bretagne, elle se répand rapidement. Il y a des loges maçonniques à Bruxelles (dès 1743), à Liège (vers 1750), à Anvers et à Gand. Elles s'organisent selon des «constitutions» dont les principales sont celles élaborées en 1723 par le pasteur anglais Anderson. Son ésotérisme plonge ses racines chez les pythagoriciens, les templiers, les cabalistes, les alchimistes, dans les compagnonnages, les textes juifs et chrétiens, les sociétés rosicruciennes... Vers 1785, Joseph II réduit le nombre des loges et veut limiter leurs objectifs à la philanthropie et à la diffusion des Lumières; il leur reprochait des «cachotteries infantiles», du trafic de rituels et de décors, et le maintien de privilèges, de préséances; les loges étaient, en effet, élitistes, souvent réservées aux «gens de condition» et onéreuses (vers 1770/75, les membres sont des nobles à 47% et des grands bourgeois à 31%; par la suite, la moyenne et petite bourgeoisie devient majoritaire). Les loges sont importantes parce qu'elles restent des laboratoires de sociabilité fraternelle, ouvertes à la libre discussion.

L'ordre maçonnique était interdit aux femmes (et aux non-libres, ce qui favorisa l'exclusion des Noirs aux Etats-Unis); mais très vite il y a des protestations et des dissidences. L'une de ces obédiences parallèles et mixtes est l'ordre des Mopses, créé en Autriche en 1738 («mops» serait le mot allemand pour carlin, une race de chiens, et désignait les membres de cette loge).

33. Médaille offerte à Charles de Lorraine par dom Thomas Mangeart, qui la fit frapper en 1754, en hommage au prince; son profil est repris de celui que fit Laurent Delvaux vers 1750, avec le motif de la Gorgone sur la cuirasse, les cheveux retenus par un ruban, et la Toison d'Or. La médaille est gravée par J.B. Harrewijn (1722-1782) qui s'est inspiré, pour le revers, de la gravure faite par son père François Harrewijn (n° 22). Cuivre, 48 mm. Cabinet des Médailles

Le cabinet numismatique du prince comportait environ 18.000 pièces. Le conservateur en était le bénédictin lorrain Thomas Mangeart (1695-1762), aussi son bibliothécaire et son aumônier, et l'auteur de publications numismatiques; on dit que, pour illustrer ses ouvrages, Mangeart arrachait des pages des livres achetés pour les collections princières. Il fut remplacé par l'abbé Jacques-Louis de Visqueney (1724-1796).

34. Abbé Joseph Ghesquière, *Mémoire sur trois points intéressants sur l'histoire monétaire des Pays-Bas*, Bruxelles, 1786.

Imprimés, VH 25639 A

et 35. *Catalogus numismatum*, Bruxelles, 1781.

Réserve Précieuse, L.P.VH 20066

Ghesquière (Courtrai 1731-1802), philosophe et théologien bollandiste, devient hagiographe à Anvers, en 1765, et écrit des *Acta Sanctorum*, des vies de saints; en 1773, la Compagnie de Jésus est supprimée. L'abbé Ghesquière, malade, s'était retiré à la campagne. Mais on le charge de rassembler des documents pour une histoire de Belgique, et, comme il était aussi excellent numismate, l'Académie se l'associe. Succédant à Visqueney, il fera le catalogue pour la vente de la collection numismatique de Charles de Lorraine, en 1781; l'exemplaire présenté est celui de l'auteur, avec des notes de sa main.

36. Jacob Andreas Fridrich le jeune, *Almanach teutonique de 1766, pour le bailliage d'Alsace-Bourgogne*, 1700 x 900. Fridrich (Nuremberg 1714-1779) était graveur à la cour de Stuttgart. Cabinet des Estampes, F 37087

L'ordre teutonique, fondé en 1128 à Jérusalem, par des croisés de Brême et de Lübeck, en ordre hospitalier, comme l'ordre des templiers, venait en aide aux pélerins et aux croisés; devenu ordre religieux en 1198, avec des moines-soldats, il ne comprenait que des germanophones. Au XIIIe siècle, l'ordre est chargé de convertir la population lithuanienne, alors païenne; la résidence du grand maître se fixe à Marienburg, en Prusse. Au cours des siècles, l'ordre devient riche et puissant, et, malgré son déclin politique, reste très sélectif quant à la noblesse de ses membres. Charles de Lorraine est choisi comme grand maître, en 1761; sa dynastie, alliée aux Habsbourg, aux Bourbons, aux dynasties allemandes et italiennes, avait assez de quartiers de noblesse, mais il fallut le dispenser du nombre requis d'ancêtres allemands. Bien que francophone (comme presque toute la noblesse du XVIIIe siècle), il était suffisamment germanophile pour être élu (centralisation familiale des Habsbourg-Lorraine). Le titre était prestigieux (ex. pouvoir de battre monnaie) et pourvu de généreuses prébendes. Pour les Pays-Bas, les sièges de l'ordre étaient Utrecht, abandonné à cause de l'influence protestante, et Alden-Biesen, où les salles de réunion ont été récemment restaurées. L'ordre, dissous en 1809 par Napoléon, est rétabli en 1834, avec Guillaume Ier comme grand maître; il existe toujours actuellement, et a une activité charitable.

37. Antoine Cardon le jeune, *Halte de voyageur*. Cuivre, burin, 380 x 300. Chalcographie, 3178 C

Cette gravure, adressée à Johann Karl Philip de Cobenzl (Laybach 1712 - Bruxelles 1770), a pour but d'évoquer ce dernier. Ministre plénipotentiaire de 1753 à 1770, protégé par Kaunitz qui était le ministre chargé à Vienne des affaires des Pays-Bas, son influence a été déterminante et, dans l'ensemble, bénéfique. Cobenzl gouverne seul de 1756 à 1758, durant l'absence de Charles de Lorraine qui commandait les armées impériales pendant la guerre de Sept ans. Ses relations avec le gouverneur ont été souvent tendues, par rivalité de pouvoir. En 1759, à l'église du Coudenberg, Cobenzl reçoit, des mains du prince délégué par son frère l'empereur, l'ordre de la Toison d'or, en même temps que le comte Georges Adam de Starhemberg (1724-1807) qui succédera au ministre en 1770. La politique de Cobenzl, essentiellement centralisatrice et habsbourgeoise, s'est heurtée aux protestations des Etats et d'écclésiastiques, qui tenaient à leurs privilèges.

Il crée une loterie (1761), favorise le commerce, les industries, les transports, l'enseignement... Ses interventions vont surtout dans le sens d'un renouveau culturel et économique; il était ouvert aux Lumières, amateur d'art,

IMMORTALITATI.
Semper honos, Nomenque tuum, laudesque manebunt.
Virg. Æneid. Lib. I.

Cat. 38

de science, et d'ésotérisme. Grand bibliophile, c'est lui qui sauve, en 1755, la Librairie de Bourgogne, base de la Bibliothèque Royale: on lui doit la réorganisation et la conservation des prestigieuses collections de livres qui se dégradaient dans les caves de la Cour Brûlée. Cobenzl est le premier président de la Société Littéraire qui allait devenir l'Académie Impériale et Royale en 1772 (n°39). Mécène fastueux (il avait d'ailleurs des dettes énormes), il protège les académies de plusieurs villes et accorde des bourses de voyage et d'étude à de nombreux artistes.

38. Nomenclatura clarorum virorum qui Bibliothecae Regiae Bruxellensi munero contulerunt. Parchemin, 144 feuillets, 555 x 355. Reliure de maroquin rouge aux armes impériales. Manuscrits, 20096

Lors de l'ouverture au public de la Bibliothèque Royale en 1772, des dons importants lui sont faits, et inscrits dans un registre. Georges Joseph Gérard (Bruxelles 1734-1814), secrétaire perpétuel de l'Académie et bibliothécaire, a établi une liste des livres offerts; elle mentionne les titres des ouvrages, la date du don, et, le plus souvent, une estimation de la valeur des lots. A l'initiative de Gérard, la liste est reproduite en très belle calligraphie, dans un «Livre d'or» de la Bibliothèque Royale, ouvert à la date du 9 juillet 1771. C'est un luxueux in-folio, orné de somptueux encadrements à la plume.

Parmi les donateurs, on trouve évidemment Charles de Lorraine (la page présentée illustre l'une de ses donations et énumère ses titres).

La Bibliothèque Royale s'enrichit à partir de 1773, des manuscrits et livres des couvents fermés par la suppression de la Compagnie de Jésus dans les Pays-Bas autrichiens.

39. Mémoires de l'Académie Impériale et Royale des Sciences et Belles Lettres de Bruxelles, T.I., Bruxelles, J.L. de Boubers, 1777. (Frontispice: n° 124) Imprimés, VH 23093 B

En 1769 s'était constituée à Bruxelles une Société Littéraire; elle devient, par décret impérial du 26 juin 1772, l'Académie, communément appelée «thérésienne». Ce fut l'œuvre de Charles de Lorraine, de son ministre Charles de Cobenzl, du comte de Neny, trésorier général et président du Conseil Privé et du comte Georges Adam de Stahremberg (1724-1807) qui protégea la création de l'Académie après la mort de Cobenzl (1770). L'intention de Vienne était scientifique, mais aussi utilitaire (favoriser le progrès social et économique par les sujets traités). L'Académie a édité treize volumes de *Mémoires,* de 1770 à 1788. Ses activités, diverses et nombreuses, rehaussèrent la vie culturelle et scientifique des Pays-Bas. On lui doit les premières observations météorologiques du pays, la réorganisation de l'enseignement, l'édition des sources historiques nationales, l'organisation de concours et de conférences, l'at-

MÉMOIRES
DE
L'ACADÉMIE
IMPÉRIALE ET ROYALE
DES
SCIENCES ET BELLES-LETTRES
DE BRUXELLES.

TOME PREMIER.

A BRUXELLES,
Chez J. L. de Boubers, Imprimeur de l'Académie.

M. DCC. LXXVII.

Cat. 39

tribution de bourses d'études, le choix de membres correspondants à l'étranger...

Citons quelques extraits de la table des matières de ce tome I:

- Observations astronomiques faites aux Pays-Bas autrichiens en 1772 et 1773, par Mr. Pigott, Gentilhomme Anglois de la Société Royale de Londres, et Associé étranger des Académies de Caen et de Bruxelles.
- Mémoire sur les proportions des tonneaux et sur une jauge universelle, par Mr. l'Abbé Marci.
- Mémoire sur l'électricité, relativement à sa qualité de fluide moteur dans les végétaux et dans le corps humain, par Mr. l'Abbé d'Everlange de Witry.
- Mémoire sur une maladie produite par des moules venimeuses, par Mr. J.B. de Beunis.
- Explication de la cause des vides qui se trouvent sous les glaçons des chemins raboteux, par Mr. le docteur Godart.
- Mémoire sur les congélations de l'eau de mer, déduit d'une suite d'expériences faites sur ce sujet, par Dom Mann.
- Mémoire sur la religion des peuples de l'ancienne Belgique, par Mr. Des Roches.
- Examen de la question si la langue des Etrusques a eu du rapport avec celle des Peuples Belgiques, par le même.
- Nouvelles recherches sur l'origine de l'Imprimerie, dans lesquelles on fait voir que la première idée en était due aux Brabançons, par le même (le nom de Brabançon était parfois donné à tout natif des Pays-Bas).
- Observations météorologiques faites à Bruxelles et en quelques autres villes des Pays-Bas (sans auteur).

En 1781, l'Académie hérite du gouverneur sa riche collection d'instruments de physique, ce qui lui permet de créer un laboratoire.

Quelques académiciens du temps: John Turberville Needham (Londres 1713-Bruxelles 1781) (n° 89), Théodore Augustin Mann (1735-1809) (nos 113, 114 et 115), Jean Noël Paquot (Florennes 1722 - Liège 1803), historien des lettres, Joseph Ghesquière (1731-1802) (nos 34 et 35), Georges Gérard (n° 38), Jean Des Roches (1740-1787) (nos 55 et 56), Corneille François de Nelis (Malines 1736-Florence 1798), historien...

40. Ph. Callens, ***Vue de la Place Royale de Bruxelles***, cuivre rouge et burin, 216 x 272. Chalcographie, 858 B

Charles de Lorraine a toujours eu des goûts de bâtisseur et a fait réaliser de grands travaux : on lui doit, par exemple, la place Saint-Michel (place des Martyrs), la place de Lorraine (place Royale), le Parc Royal ainsi que les rues avoisinantes. La place Royale (anciennement place des Bailles) était encombrée des ruines de la Cour Brûlée (palais des ducs de Brabant détruit par l'incendie de 1731); le prince y voulait une vaste esplanade, fermée et entourée symétriquement de constructions néo-classiques.

Entre 1769 et 1772, Charles de Lorraine, les Etats et la Ville font déblayer la place par l'architecte Fisco. Barnabé Guimard fait les premiers plans, développés, en 1774, par l'architecte parisien Barré, qui conçoit la place avec 8 pavillons et une nouvelle église Saint-Jacques (n° 41). Les Etats avaient voté, en 1769, l'érection d'une statue du prince pour ses 25 ans de gouvernement. Cette statue de bronze, représentant Charles en général romain, sera érigée au centre de la place en 1775 (n° 45).

41. Médaille commémorative pour la pose de la première pierre de l'église du Coudenberg, en 1776. Cuivre, 45 mm. Cabinet des Médailles

L'ancienne église consacrée à saint Jacques était située un peu plus haut, avec la façade donnant sur la rue de Namur. La nouvelle église, réorientée, devait être adaptée au style néoclassique de la place de Lorraine, et l'on choisit le genre des temples antiques. Charles de Lorraine en pose la première pierre le 12 février 1776. Le péristyle et les escaliers sont édifiés en 1779 par Louis Montoyer. L'église est achevée en 1785 et consacrée le 29 octobre 1787.

42. ***Kort begryp van het leven van zyne K.H. Karel-Alexander hertog van Loreynen en Baar***, Brussel, 1775. Réserve précieuse, LP Cl. 13460

Biographie de Charles de Lorraine, en néerlandais, semblable au discours prononcé en français par le comte de Saint-Genois à l'occasion de l'érection de sa statue à la place Royale en 1775 (n° 45). On y lit: Dat leeft prins Karel triumphant, / Hij is de vreugd van 't Nederland.

43. M. Combes, ***La Fête millénaire***, Bruxelles, de Boubers, 1775.
Imprimés, III 64007 A

Pièce donnée à la Comédie de Bruxelles le 17 janvier 1775 pour l'inauguration de la statue du prince (n° 45). Il s'agit d'une sorte d'opéra à la gloire de Charles, gloire qui devait durer mille ans: Charles le Bon, après mille ans / Règne dans le cœur des Flamands.

44. Reproduction de la médaille commémorative frappée en 1776 pour l'érection de la statue de Charles de Lorraine à Bruxelles. Bronze, 32 mm.
Cabinet des Médailles

et 45. ***Statue de Charles de Lorraine***, gravure par «de la Rue Sc. à Bruxelles quaij au foin». Cuivre, burin, 225 x 162. Chalcographie, 849 B

C'est le sculpteur et architecte Pierre Verschaffelt (Gand 1710 - Mannheim 1783), dit Pietro Fiammingo, qui fut chargé de réaliser une statue, cadeau des Etats du Brabant pour le jubilé des 25 ans de gouvernement de Charles de Lorraine. L'artiste avait travaillé à Paris, à Rome (où il a exécuté l'ange qui surmonte le Château St-Ange), à Londres, et s'était établi à Mannheim en 1752; c'est là que notre statue de bronze est coulée et achevée, en 1774. Le gouverneur, qui avait été longtemps le chef des armées impériales autrichiennes, et qui tenait à sa réputation militaire, avait demandé à être représenté en général romain.

Le 5 janvier 1775, à 16 heures, la statue arrive à Bruxelles par le canal; elle est débarquée au son des cloches de Ste-Catherine, des salves de canons tirées des remparts, des acclamations de la foule et des fanfares de la garnison, et en présence du gouverneur, de l'archiduc Maximilien, son neveu, du prince de Ligne et de toute la noblesse belge. Placée sur un char, la colossale statue est traînée jusqu'à la place de Lorraine par 106 débardeurs, les Vaartkapoenen ou Capons du Rivage, vêtus aux couleurs du prince (habits rouges à parements jaunes, bas et bonnets blancs ornés de rubans jaunes). Le cortège, précédé de dragons, de trompettes et de timbales, est suivi d'un régiment de grenadiers. L'érection de la statue donne lieu à une succession de cérémonies et de fêtes populaires, liesse qui dure trois semaines: maisons illuminées, messes, carillons, braséros pour les pauvres sur le parvis de Ste-Gudule; près de son hôtel, devant la collégiale, le prince de Ligne offre des repas au peuple, ainsi qu'un

Cat. 45

dîner pour les Capons du Rivage qui exécutent des danses populaires. On doit au bourgmestre de Bruxelles un souper de 1400 couverts, servi par 200 grenadiers; il y a un spectacle gratuit au théâtre de la Monnaie, offert par le gouverneur; les meilleures places sont réservées aux débardeurs, qui recevront deux verres de punch chacun. Les fêtes se terminent par un grand bal à la Maison du Roi... L'inauguration proprement dite a lieu le 17 janvier, devant une foule énorme massée sur la nouvelle esplanade.

La statue est renversée le 13 janvier 1793 par les révolutionnaires français qui y accrochent un écriteau: «Ainsi périssent les despotes / Renversés par les sans-culottes». Elle est alors déposée à la Chancellerie, près de Ste-Gudule, et, peu après, replacée sur son piedestal; en juin 1794, après la bataille de Fleurus, la statue est à nouveau renversée. Envoyée à Maubeuge, elle y est fondue et convertie en monnaie. Après l'invasion française, il n'y a plus de statue à la Place Royale. On la remplace par un Arbre de la Liberté, qui sera arraché et brûlé en 1814, lors de l'évacuation des Français. Au XIXe siècle, on y place l'actuelle statue de Godefroid de Bouillon, due au sculpteur Simonis, tandis qu'en 1848, Jehotte réalise une nouvelle statue de Charles de Lorraine, en bourgeois cette fois, qui se dresse maintenant à la place du Musée.

46. Charles de Lorraine, ***Agenda de l'Artificié ou Abrégé de la façon de faire toutes les Pièces pour un feu D'artifice le tout Eprouvée*** *(sic)*, Faite et imprimé (sic) à Tervuren an 1774, 32 feuillets, dont 7 blancs, non chiffrés, in 16°. Réserve Précieuse, LP II 63617 A

Ce petit volume a été rédigé, dessiné, imprimé et relié par le prince, probablement sur son imprimerie portative. Il avait des ateliers de reliure et les instruments pour graver des estampes. Les feux d'artifice étaient l'un de ses passetemps favoris, et il en dessinait lui-même les plans.

47. ***Beschryvinge van het zevenhonderdjaerig jubilé van den heyligen Macarius bezonderen patroon tegen de peste***, Gend, 1767.

Gravures d'après les dessins de 1766 du Gantois Emmanuel van Reijsschoot (1712-1772), aidé par son fils Pieter (1738-1795) (n° 122), pour illustrer la description du jubilé de saint Macaire, à Gand. Imprimés, III 3960 B

En 1767, on fête à Gand le 700e anniversaire de la vénération des reliques de saint Macaire. Charles de Lorraine et sa sœur Anne-Charlotte sont invités à assister à la manifestation (cortège de 44 chars, 17 arcs de triomphe, feu d'artifice sur le Marché du Vendredi); les frais étaient assumés par les églises, les confréries et les corporations (fariniers, faiseurs de pain d'épice, marchands de bois de chauffage, chapeliers, maçons et couvreurs...); les chars rivalisent quant à la décoration (très symbolique et assez chargée, comme le montrent ces pages). Quant au plan du feu d'artifice, il montre l'effort des Gantois pour

CARO LO
MARIA THERESIA
1. genD: VerWILLekoMt prIns CareL.
2. nihil illo triste recepto.
A. statUs FLanDrIae sanCto MaCarIo ereXere
B. Le LIon De FLanDre DeVoUé all prInCé.
C. omnibus hinc rerum, cunctorum nascitur ordo
D. sole sub austriaco felix servabitur ultro.
E. soLe eXarDesCIMUs ILLo.
F. In DeLICIIs ILLUMInabItUr.
G. Ut phenIX eX CInerIbUs reVIXIt DIVUs MaCarIUs.
P.W.F

Cat. 47

leurs «machines pyrrhiques» qui devaient plaire au gouverneur. A l'avant-plan, trois éléments rendent hommage à Charles, à sa sœur Anne-Charlotte et à Marie-Thérèse; au fond, un palais du Soleil.

48. ***Collection de règlements concernant les Pays-Bas — Reglemente ende decreten***, Gand, 1715. Imprimés, VH 27037

La page dépliée concerne le traité de la Barrière (ou traité d'Anvers) de 1715, qui fixe les limites politiques dans lesquelles Charles de Lorraine prendra possession du pays. Pour sauvegarder la Pragmatique Sanction, qui permettait à Marie-Thérèse de lui succéder, l'empereur Charles VI avait ratifié ce traité, extrêmement défavorable pour nos régions; il comportait des amputations territoriales, entérinait la fermeture de l'Escaut, ce qui évinçait Anvers au profit de Londres et Amsterdam, exigeait le paiement d'un subside aux Provinces-Unies et imposait le stationnement de troupes étrangères dans le pays. Dès 1709, nous avions dû accepter l'occupation de 19 places fortes; en 1713, les Anglais trouvant que les Provinces-Unies étaient avantagées, l'accord est révisé, et on ramène à 13 le nombre de fortins à entretenir pour faire barrière à la France. Ils sont occupés par 30 à 35.000 hommes, dont la moitié sont des militaires hollandais. Ce traité permettait de fréquentes interventions de la Hollande et de l'Angleterre (cf. Compagnie d'Ostende) et nous imposait des tarifs commerciaux déloyaux. C'est Joseph II qui obtint finalement le départ des garnisons; il essaya aussi, mais sans succès, de libérer l'Escaut.

49. ***Considérations sur le danger éminent où l'on serait si les Pays-Bas autrichiens tombaient entre les mains de la France***, traduites de l'anglais. Amsterdam, 1738. Imprimés, VH 26970

L'auteur anonyme insiste sur l'utilité de la Barrière et exprime sa conviction qu'il est indispensable de soutenir les puissances maritimes, Angleterre et Provinces-Unies, contre la France jugée définitivement belliqueuse.

50. ***Instruction secrète pour le gouvernement des Pays-Bas***, du 19 août 1740. Manuscrits, 16152/54 C

Manuscrit sur papier émanant de Vienne et contenant des directives quant à la manière de faire appliquer chez nous les volontés autrichiennes.

51. ***Journal de la campagne du roi en 1746 en Flandre***, Anvers, 1746. Imprimés, VH 26988

Il s'agit de l'invasion française dans les Pays-Bas autrichiens, au cours de la guerre de Succession d'Autriche (1741-1748). Cette campagne fut menée par le maréchal Maurice de Saxe (1696-1750), qui obtint le commandement général de nos régions pendant deux ans. Louis XV avait rejoint le maréchal et fit son entrée à Bruxelles en 1746. Cette guerre se termine par le traité d'Aix-la-Chapelle, qui restitue les Pays-Bas aux Autrichiens. Charles de Lorraine ne revient en Belgique qu'en 1749.

52. ***Récit de ce qui s'est observé dès l'instant de la mort et dans la cérémonie des funérailles de Son Altesse Royale Monseigneur le duc Charles-Alexandre de Lorraine et de Bar****, Grand Maître de l'Ordre Teutonique, Lieutenant, Gouverneur et Capitaine général des Pays-Bas,* Bruxelles, Van den Berghe, 1780. Imprimés, 18612

et 53. ***Oraison funèbre de Charles-Alexandre, duc de Lorraine et de Bar***, Liège, 1780. Imprimés, VH 27025

Charles meurt le 4 juillet 1780, à Tervuren, où il chassait. Le 5, son corps est ramené à Bruxelles; embaumé et revêtu du costume de grand maître de l'ordre Teutonique, il est exposé dans la chapelle du palais où défile la population. Le 10 juillet, il est enterré à Sainte-Gudule, mais, selon le voeu du prince, son cœur est transféré à l'église des Cordeliers de Nancy. Sa mort est annoncée le 11 à Vienne, et Marie-Thérèse semble en avoir éprouvé un réel chagrin.

54. De la Rue, ***Portrait de Marie-Thérèse*** (n° 25). Cuivre, burin, 124 x 202. Chalcographie, 507B

55. Jean Des Roches, ***Histoire ancienne des Pays-Bas autrichiens*** *contenant des recherches sur la Belgique avant l'invasion des Romains, et la conquête qu'ils en ont faite avant J.C.* Anvers, 1787. Imprimés, VH 26054

et 56. ***Epistomes Historiae Belgicae libri septem in usum scholarum Belgicae***, Bruxelles, 1782 (manuel d'histoire de Belgique, en latin, pour l'enseignement secondaire). Imprimés, VB 10091 A

Enfant naturel, né près de La Haye, autodidacte tenace, Des Roches (1740-1787) devient professeur et précepteur à Anvers. En 1761, il écrit, en néerlandais, un livre sur le néerlandais, puis un dictionnaire français-néerlandais; en 1763, une grammaire française; ensuite un mémoire sur les villes des Pays-Bas. Des Roches peut être considéré comme le fondateur de l'historiographie nationale belge. Sa valeur le fait entrer à l'Académie, et, en 1776, il en devient le secrétaire permanent et s'occupe de réformer l'enseignement. Après un voyage à Vienne, il est nommé inspecteur général des écoles normales.

Avant les réformes du josephisme, l'enseignement était lamentable. En primaire, le programme se limitait à la religion, la lecture et l'écriture; plus tard, s'y ajoutent des notions d'arithmétique, puis de géographie et de civisme. L'enseignement moyen fut restructuré après la suppression de l'ordre des jésuites, en 1773, ce qui ferma dix-sept collèges dans les Pays-Bas; on créa des collèges thérésiens, avec des enseignants laïques, parfois étrangers, et les programmes furent étendus aux mathématiques, aux langues vivantes, à la géographie, à l'histoire, et même, en 1776, à la langue maternelle. On crée aussi des académies pour l'enseignement artistique. La population cependant continua de préférer l'enseignement classique des écoles libres, qui comptaient, en 1785, 3046 élèves contre 1070 dans les écoles de l'Etat.

Les réformes dans l'enseignement sont aussi utilitaires (ex. académie de médecine à Gand; création à Bruxelles d'une «Association libre pour l'Humanité» en 1780, où l'apothicaire Vandensande se proposait de guérir les pauvres par l'électricité; écoles pour l'apprentissage des métiers d'art; projet d'une école d'agriculture, mais l'idée eut peu de succès). On voulut sortir l'université de Louvain de sa léthargie, en y introduisant la physique expérimentale, l'algèbre et la géométrie, un laboratoire de chimie, un jardin botanique et une salle d'anatomie (les dissections étaient rares, par manque de corps; ce seront ceux des suppliciés, puis des malades pauvres de l'hôpital de Louvain). Ces réformes étaient cependant moins novatrices qu'en Autriche, où l'on rendit l'instruction obligatoire.

57. *Den Vlaemschen Indicateur*. Gand, 1779-1787. Imprimés, VB 7847 5 A

Ce journal peut être considéré comme une expression des Lumières flamandes; il rejoint le joséphisme et s'oppose à l'abbé Feller (n° 90), qui avait loué la méconnaissance du français par les Flamands, comme rempart contre la philosophie et l'athéisme. Pragmatique, *Den Vlaemschen Indicateur* veut des progrès sociaux et économiques immédiats, et il reproche même aux philosophes français d'être des dilettantes. Cet hebdomadaire dépouille les informations de plus de soixante périodiques européens et rend compte des travaux de médecine, de physique, de mécanique, d'agronomie, d'économie, de politique (par exemple, la guerre de l'Indépendance en Amérique). Il était intéressant et son abonnement n'était pas trop cher (7 à 8 journées d'un manoeuvre pour près de 1100 pages par an); il eut un énorme succès. Parmi les rédacteurs, citons quelques intellectuels néerlandophones: l'écrivain-rhétoriqueur J.F. Vanderschueren, qui rendit compte de ses essais en montgolfière, le médecin De Brabant (n° 112), J. Michiels (n° 62), Verhoeven, P.J. de Borchgrave, poète et dramaturge préromantique.

58. *Le Mercure historique et politique des Pays-Bas*, Bruxelles,1760.
Imprimés, VH 2700

La presse bruxelloise sous le régime autrichien, n'était ni particulièrement «éclairée», ni libre (censure vigilante). Pour publier un journal, il fallait l'autorisation du Conseil Privé ou de Charles de Lorraine, donc être «conforme» à la politique autrichienne; il n'y avait pas de presse clandestine.

DEN VLAEMSCHEN INDICATEUR OFTE AEN-WYSER DER WETENSCHAPPEN EN VRYE-KONSTEN,

Met Privilegie Excluſif van Haere Keyſerlyke en Koninglyke Majeſteyt, voor Haere Nederlanden.

Saterdag den 31. *July* 1779.

BOTANICA, OFTE KRUYD-KUNDE.

Vervolg en eynde der Natuer-kundige Broed-kaſſen, &c.

Maniere om Meloen planten op te brengen en Meloenen te hebben in de Lente.

IN het begin van December is het tyd om uwe *Couchen* te maeken om die tegen den 15. te beplanten; als men maer eene en heeft van myne kaſſen, moet den Hovenier de jonge planten opvoeden in platte kaſſen, dit en belet niet dat men'er myne maniere achtervolgd om de *Couchen* te maeken; ſy zullen meer aen de koude wederſtaen als de gemeene *Couchen*; men moet die niet min door meſt baermen onderhouden.

In het begin van January als de plant vier blaederen kan hebben, moet men eene tweede kleyne *Couche* maeken.

II. Deel. E

Cat. 57

59. ***Le Journal des scavans***, Amsterdam, 1740. Imprimés, III 33544 A

Journal qui se fera l'écho des polémiques surgies autour de l'*Encyclopédie*. Tout le monde ne pouvait pas lire cette énorme publication (ne fût-ce que les non-francophones), et l'on édita des journaux (*Journal Encylopédique, Esprit des Gazettes, Vlaemschen Indicateur*...) qui en rendaient compte; ils rassemblaient aussi les nouvelles de divers journaux étrangers et informaient sur les réformes politiques et les découvertes scientifiques.

60. ***Le Journal du Commerce***, Bruxelles, 1759-1762. Imprimés, VH 24923

Cette publication, qui défend le libéralisme éclectique (n° 65), était dirigée par Jacques Accarias de Serionne (1706-1792), un Français réfugié à Bruxelles pour dettes, et homme de confiance de Cobenzl. Il s'établira ensuite dans les Provinces-Unies, puis en Autriche et en Hongrie.

61. ***Chronique Belgique du temps*** (1788-1789) Revendications de «patriotes» et «vaderlanders» qui s'étonnent de n'être pas compris à Vienne (le mot «belgique» était un adjectif). Imprimés, II 8122 A

62. Jean Michiels, ***Recueil des requêtes, placets et mémoires les plus intéressants que l'on présenta à Sa Majesté impériale Joseph II durant le voyage qu'il fit dans les Pays-Bas en 1781. Sa Majesté impériale Joseph II a fait insérer dans ce recueil l'Apocalypse du Bien Heureux Jean, apôtre de la philosophie: Songe philosophique extraordinaire que les censeurs ecclésiastiques des Pays-Bas n'avaient pas laissé imprimer***, prétendûment Vienne, Imprimerie de la Cour, 1782.

Imprimés, VB 7103 A

et 63. ***Brabant Varia 1787.*** Imprimés, II 86970 A

Ces ouvrages illustrent les prémisses de la Révolution brabançonne. Les nombreuses réformes de Joseph II, en moyenne 110 par an, étaient généralement mal accueillies par la population. Rappelons, en 1773, la suppression de l'ordre des jésuites; puis des réformes judiciaires comme l'interdiction de la «question» et des arrestations arbitraires, comme les décrets sur l'exécution de la peine de mort et des tortures (roue, marques, feu...), la création de nouveaux pénitenciers (on pense même à la rééducation des délinquants). En 1781, avec l'Edit de Tolérance, il permet aux protestants d'exercer leur culte en privé et dans des édifices neutres; il admet les mariages entre protestants et catholiques, les divorces et les enterrements de protestants; il leur accorde l'accès à la bourgeoisie, aux métiers, aux grades académiques et, sur dispense, aux fonctions publiques. Entre 1782 et 1786, il ferme les couvents contemplatifs qu'il juge inutiles (ceux qui ne dispensent ni enseignement, ni soins aux malades); il réorganise l'hygiène publique, les métiers, la bienfaisance (une seule association, la Confrérie pour l'Amour actif du Prochain, est chargée de lutter contre la mendicité et de répartir les aides aux pauvres); il interdit de sévir contre les cadavres des suicidés; il veut des registres civils, incluant les enfants illégitimes et non-catholiques; il réglemente minutieusement les enterrements (hors l'église et hors l'enceinte des villes), les processions et les kermesses (fixées au même jour). Le décret qui établit un Séminaire Général à Louvain (mainmise de l'Etat sur la formation des prêtres, qui était une prérogative des évêques) et celui qui permet le mariage civil (n° 64), provoquent une très vive opposition cléricale, de même que celui qui ordonne le dénombrement des biens ecclésiastiques. En 1787/88, c'est l'abolition des Conseils et la division du pays en neuf cercles, dotés d'intendants; l'opposition devient politique (publication de Vander Noot, n° 68), les troubles s'amplifient, et le soulèvement éclate en 1789, avec Vonck (n° 67).

L'ouvrage de Michiels (n° 62) édité à Gand et rédigé en français, en flamand et en latin, contient des requêtes fictives et une parodie de l'Apocalypse; ce sont des pastiches savoureux et érudits, pleins d'ironie et d'allusions à l'actualité; on y trouve une liste de livres (n° 85), incluant des philosophes français et des ouvrages anticléricaux, dont on recommande la lecture, afin que vienne le «Soleil de la Raison», le «Grand Jour de la Philosophie». En 1794, devenu jacobin sous les Français, Michiels est représentant du peuple de Bruxelles; il prononce, le 20 floréal de l'an III, un discours pour la Fête de la Foi conjugale, au Temple de la Raison.

64. Charles Lambert d'Outrepont, *Des empêchements dirimant le contrat de mariage dans les Pays-Bas autrichiens*, sl, 1784.

Imprimés, II 37085 A

D'Outrepont (Herve 1746-1809) était un brillant avocat au Conseil de Brabant. Cet ouvrage illustre un aspect de la lutte de pouvoir entre l'Eglise et l'Etat. La législation du mariage avait été réservée à l'Eglise, ce qui laissait au clergé la décision quant aux litiges matrimoniaux (mariages forcés de mineurs; question de l'instance qui aurait le pouvoir d'annuler un mariage). A la fin du siècle, l'Eglise et l'Etat revendiquent tous deux ce pouvoir, que Joseph II décide de rendre civil. D'Outrepont défend cette politique et y ajoute une attaque contre le célibat des prêtres. Anticlérical, il est logiquement vonckiste en 1789. Sous l'occupation française, il est professeur à l'Ecole centrale de la Dyle (dans l'ancien palais de Charles de Lorraine), membre du Conseil des Cinq Cents et juge à la Cour de Cassation de Paris.

65. Nicolas Bacon, *Réflexions sur l'état présent du commerce, fabriques et manufactures des Pays-Bas autrichiens*. Autographe, Louvain, 1765.

Manuscrits, 16203/4 C

Nicolas Bacon (Bruxelles 1710-1779), économiste distingué, membre du Conseil des Finances, et auteur de mémoires appréciés, avait acquis une grande expérience commerciale; il avait, par exemple, organisé une navigation régulière entre Bruxelles et la Zélande. Il était le conseiller économique de Charles de Lorraine (dont la bibliothèque comportait ce manuscrit sur papier). Ses conceptions économiques, libérales, se situent entre le mercantilisme et la physiocratie; elles préconisent la protection de certaines «fabriques» et , en agriculture, la suppression des grandes fermes, pour multiplier les petites exploitations, en vue d'accroître les mariages et donc, la population (raison pour laquelle il combat également le célibat des prêtres). Diderot, lors de son passage à Bruxelles en 1774, a consulté cet ouvrage, et s'en est inspiré pour son *Voyage de Hollande.*

Notre industrie au XVIIIe siècle concerne surtout le textile, la métallurgie et le charbon. On s'occupe de textile partout dans les Pays-Bas (lin: 80%, laine: 12%, coton: 7%, soie, tricots, bas, bonnets, tapis, indiennes, dentelles), tandis que le fer (destiné, par exemple, aux clouteries) et le charbon se situent au sud du pays, parce que s'y trouvent réunis le minerai, les cours d'eau pour le laver, et les forêts qui donnent le charbon de bois; l'exportation du minerai, traité dans des fourneaux par les maîtres de forges, entre en concurrence avec la Lorraine et l'Allemagne, et connait des problèmes de douanes internes et des difficultés de transport. Les charbonnages (puits de 70 m.) ont besoin de machines pour l'extraction (création de sociétés financières) et nécessitent de bonnes voies de communication; or, l'entretien des routes incombait aux riverains; les chemins étaient souvent impraticables et les charrois très lourds.

Nous avons aussi des tanneries, des distilleries, des raffineries (sel et sucre), des manufactures de tabac, des verreries, des faïenceries, des papeteries... Il n'y a pas cependant de concentrations ouvrières; la main-d'œuvre est saisonnière et rurale et le travail se fait souvent à domicile.

Le ministre Cobenzl prend quelques mesures protectionnistes, veut créer des industries nouvelles ou attribuer des monopoles; il s'oppose aux Conseils belges, et aux corporations, très hostiles à l'industrialisation. Sous l'impulsion de Charles de Lorraine, il y aura des primes aux inventeurs, aux promoteurs d'industries et des prêts sans intérêt à certaines manufactures. Longtemps, notre commerce fut inféodé à la Hollande et à l'Angleterre. La croissance aura lieu dans la deuxième moitié du siècle, et la révolution industrielle ne viendra que plus tard.

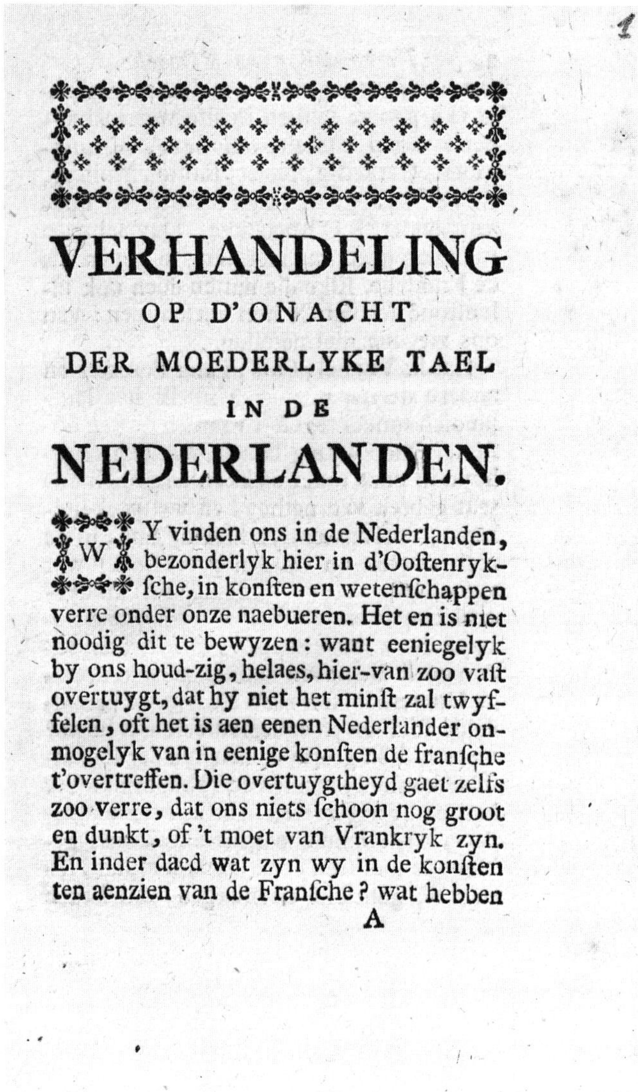

VERHANDELING
OP D'ONACHT
DER MOEDERLYKE TAEL
IN DE
NEDERLANDEN.

WY vinden ons in de Nederlanden, bezonderlyk hier in d'Ooſtenryk-ſche, in konſten en wetenſchappen verre onder onze naebueren. Het en is niet noodig dit te bewyzen: want eeniegelyk by ons houd-zig, helaes, hier-van zoo vaſt overtuygt, dat hy niet het minſt zal twyffelen, oft het is aen eenen Nederlander onmogelyk van in eenige konſten de franſche t'overtreffen. Die overtuygtheyd gaet zelfs zoo verre, dat ons niets ſchoon nog groot en dunkt, of 't moet van Vrankryk zyn. En inder daed wat zyn wy in de konſten ten aenzien van de Franſche? wat hebben

A

66. Jan Baptist Chrysostomus Verlooy, *Verhandeling op d'Onacht der moederlijke tael in de Nederlanden*, Maestricht, 1788.

Cet essai, contre la négligence avec laquelle était traitée la langue maternelle dans les Pays-Bas, considère l'emploi du néerlandais comme une résistance au régime et s'en prend à la politique linguistique et culturelle des Autrichiens. Il s'attache à l'idée d'identité populaire et envisage les dix-sept provinces (Pays-Bas et Provinces-Unies) comme un ensemble culturel. L'ouvrage, d'une centaine de pages, prend donc la défense du néerlandais, dont la méconnaissance entrave le sentiment d'identité nationale; il le regrette , surtout à Bruxelles, où l'on peut estimer à 10% le nombre de francophones en 1760, à 15% en 1780; dans l'ensemble des Pays-Bas, les néerlandophones étaient 62,5%, les wallons 31%, les germanophones 6,5%. L'Eglise parle latin, la bourgeoisie parle français, langue ressentie comme expression sociale (langue des riches) ou politique (langue officielle de l'administration). Les solutions seraient un enseignement de qualité en néerlandais, une orthographe unifiée, de nouveaux manuels scolaires, un théâtre rénové et une académie flamande. Le livre eut une influence certaine.

D'une famille de notables campinois, Verlooy (Houtvenne 1746-Bruxelles 1797) était avocat au Conseil du Brabant et très engagé politiquement; il écrit des brochures progressistes et c'est lui qui conçoit le plan de la Révolution brabançonne; au cours de la lutte entre vonckistes et statistes, il proposera des élections où tous les hommes adultes, payant au moins 5 florins d'impôts, auraient une voix (environ 380.000 personnes, soit plus de huit fois le nombre d'électeurs de 1831!). Rallié aux idéaux de la Révolution française, il sera bourgmestre de Bruxelles en 1795, pendant l'annexion.

67. Anonyme, ***Portrait de Jean-François Vonck***, 1791.

Cabinet des Estampes, s.n.

et 68. Francesco Bartolozzi, *Messire Henri Charles Nicolas Vander Noot, avocat du Conseil Souverain du Brabant et des Estats*, Londres, 1787, 362 x 285. Gravé sur cuivre, au point, d'après P. de Glime, par le peintre-graveur Bartolozzi (Florence 1725-Lisbonne 1813), qui, à Rome s'était attaché à copier des œuvres antiques; ils se spécialisa dans tous les genres de gravure (burin, pointillé, eau-forte) et travailla surtout en Angleterre.

Chalcographie, 932 C

Les mesures prises par Joseph II avaient provoqué une vive opposition cléricale; lorsque l'empereur s'attaqua à l'administration, ce fut aussi l'opposition politique: il y eut une «petite» révolution en 1787. La pénurie et la vie chère aggravent les troubles en 1788, et une révolte se prépare. Henri Vander Noot (Bruxelles 1731-Strombeek 1827), avocat au Conseil de Brabant, était un trublion audacieux, fanatique et vulgaire. Il plaisait aux foules et symbolisait le mécontentement populaire. Il publie un *Mémoire sur les droits du peuple brabançon*; ce manifeste, «élucubration bizarre» dit H. Pirenne, donne en préambule, et sans citer de source, des extraits de la *Politique naturelle* (1773) de d'Holbach. Suit un réquisitoire, au nom de la Joyeuse Entrée de 1356, contre toutes les réformes de Joseph II, et un programme clérical et réactionnaire; c'est un détournement d'idées révolutionnaires dans le but de restaurer des privilèges médiévaux. En 1788, il part en Grande-Bretagne, puis en Hollande, où il demande l'aide des puissances étrangères (surtout de la Prusse), dont l'intérêt était pourtant notre stagnation .

En juin 1789, Joseph II abroge la Joyeuse Entrée; en juillet, des soulèvements éclatent. A Bruxelles, l'avocat Vonck (Baerdegem 1743 - Lille 1792) avait écrit des pamphlets et organisé un comité secret pour les affaires patriotiques, dans le but de chasser les Autrichiens pour instaurer un régime selon les idéaux des Lumières. Homme de bonne volonté, d'un tempérament maladif, fin et cultivé, il lutte, sans ambition personnelle, contre le despotisme . Il reprend un plan de révolution conçu par son ami Verlooy (n° 66), et fonde une nouvelle société secrète, «Pro aris et focis», pour une révolution réalisée par les Belges. Une armée, commandée par un colonel en retraite, Jean André Van der Mersch (1734-1792), se rassemble près de Hasselt, passe dans les Provinces-Unies et rejoint Van der Noot et ses partisans, qui auraient préféré marcher avec les Prussiens.

Le 24 octobre 1789, l'armée révolutionnaire, de 3 à 4000 hommes, rentre aux Pays-Bas et le 27, remporte, près de Turnhout, la victoire sur les Autrichiens. Fin 1789, étoffée de volontaires gantois, l'armée arrive dans le Brabant; le ministre Trautmansdorff cède et les Autrichiens quittent Bruxelles, où l'archevêque Franckenberg (1726-1804) fait chanter un Te Deum. Des traités d'union sont signés par les Etats des diverses provinces, et, le 10 janvier 1790, on fonde les Etats-Belgiques-Unis, une fédération unifiée pour le militaire, le diplomatique et le monétaire, mais où chaque province est autonome quant à tous les autres droits. Vander Noot devient ministre et les pouvoirs des Etats, conservateurs et cléricaux, sont restaurés; tout courant non-orthodoxe, non «statiste», est taxé de «vonckisme», considéré comme perverti par les idées philosophiques et condamné par un mandement de l'archevêque; les statistes réclament des sanctions contre ces ennemis de la religion et des Etats.

Vonck devient le porte-parole de ceux qui veulent suivre le modèle français, avec le principe de souveraineté nationale du peuple, et la suppression des Etats; se réclamant de Montesquieu, il admet les trois ordres, mais double le Tiers-Etat (avec des représentants des campagnes et des petites villes) et propose des élections; les vonckistes rédigent dans ce sens une adresse aux Etats de Brabant.

Le 20 février 1790, Joseph II meurt. Son frère Léopold II lui succède et promet de revenir sur les réformes. Mais des émeutes ont lieu, avec pillages et agressions et, en avril, Van der Mersch est arrêté; Vonck, reculant devant la guerre civile, fuit à Lille, où il mourra en 1792. Tandis que se suivent insurrections et discordes, les puissances (Prusse, Hollande, Angleterre) négocient à Reichenbach avec l'Autriche, contre ses dissidents. Les Etats-Belgiques-Unis demandent en vain l'aide de la France. En septembre 90, c'est la débâcle de volontaires mal équipés devant les Autrichiens, et en novembre, après un ultimatum de l'empereur, a lieu la dernière réunion des Etats-Belgiques-Unis. La Révolution brabançonne se solde par un lamentable échec. Tandis que les Autrichiens reprennent possession des Pays-Bas, Vander Noot se réfugie en Hollande, puis en Angleterre. Le traité de La Haye restaure le régime d'avant Joseph II, et l'archevêque Franckenberg fait chanter un Te Deum.

69. Francesco Bartolozzi, ***Portrait de la duchesse Marie-Christine de Saxe-Teschen, gouvernante des Pays-Bas***, 1782, gravure au pointillé.

Cabinet des Estampes, III 33554 VIII

L'archiduchesse Marie-Christine (1742-1798), épouse d'Albert Casimir de Saxe-Teschen, succède à son oncle Charles de Lorraine comme gouvernante des Pays-Bas et vit la période difficile de la Révolution brabançonne et des invasions françaises. Elle finit par rentrer à Vienne, où elle meurt sans enfants.

70. Antoine Alexandre Joseph Cardon l'aîné (n° 12, n° 32 et n° 124), ***Portrait du prince Charles Joseph de Ligne*** (n° 149)

Cabinet des Estampes, SII 7538

71. François Harrewijn (n° 22), ***Portrait de Charles de Lorraine***. Notons le ruban de la Toison d'Or, le bâton de commandement, la couronne et le heaume garni d'une croix de Lorraine. Cabinet des Estampes, s.n.

Salle III
Le siècle des Lumières

Il est assez difficile de définir les «Lumières»: disons qu'il s'agit d'une perception nouvelle, dans les domaines philosophique et religieux, social et politique, artistique et scientifique, domaines qui s'interpénètrent d'ailleurs dans les créations du siècle. L'esprit nouveau est celui du libre examen, du rationalisme, mais aussi de la sentimentalité, de la religion «naturelle», du progrès et de la tolérance; c'est un nouvel humanisme, avec un grand appétit de sciences (surtout pour les recherches appliquées), la lutte contre les préjugés et les superstitions, l'accélération du pouvoir civil contre le joug de l'Eglise et des absolutismes.

Ces tendances, chez nous, se heurtent au poids du catholicisme politique, souvent intransigeant (cf. l'abbé Feller, n° 90), hérité de la contre-réforme (au XVIIe siècle, les Pays-Bas étaient un bastion de l'orthodoxie catholique et du militantisme jésuitique). Les Lumières atteignent les Pays-Bas surtout après 1760, et se manifestent, bien sûr chez des anticléricaux, des penseurs et des scientifiques, mais aussi chez des catholiques «éclairés», attachés à la révélation, mais conciliants, comme Nelis (1736-1798), Paquot (1722-1803), le chanoine Coninckx (1750-1831), Mann (1736-1809) (n°s 113, 114 et 115) ou Needham (1713-1781) (n° 89). Elles s'y manifestent aussi par l'importance du commerce de livres interdits et des contrefaçons. Des inventaires de bibliothèques privées incluent la plupart des représentants des Lumières, ainsi que leurs détracteurs, et indiquent que l'influence n'est pas uniquement française, mais aussi anglaise et allemande.

Les idées nouvelles se discutent dans les cafés, dans les salons, et, plus tard, dans les rues. Elles sont portées par des écrivains-philosophes comme Berkeley (1685-1753), Vico (1668-1744), Hume (1711-1776) (n° 93), Kant (1724-1804) (n°96), Condillac (1715-1780) (n° 97), Helvétius (1715-1771) (n° 98), d'Holbach (1725-1789) (n° 100), Voltaire (1694-1778) (n° 101), Condorcet (1743-1794) (n° 102), Montesquieu (1689-1755) (n° 152), Rousseau (1712-1778) (n°s 157 et 158)... et surtout par *L'Encyclopédie* (n° 105) de d'Alembert (1717-1783) et de Diderot (1713-1784) (n° 94).

Les arts, tant appréciés par le mécène qu'était Charles de Lorraine, ne sont présents dans le musée que par des gravures. Rappelons cependant l'évolution de l'architecture, qui reste classique (influence d'Herculanum, découvert en 1713, fouillé en 1738, et de Pompéi, découvert en 1748), mais s'assouplit et s'adapte à la vie sociale, à la convivialité et à la gaîté ambiantes; même tendance pour la peinture, la sculpture, le mobilier (qui devient «commode»)... Citons les architectes Boffrand et Héré (Nancy), Barré (place Royale), Servandoni (Saint-Sulpice), Gabriel (Petit Trianon), Soufflot (le Panthéon); les sculpteurs: Coustou (Chevaux de Marly, aujourd'hui à Paris), Houdon, Bouchardon (bassin de Neptune à Versailles), Pigalle, Falconet (Pierre le Grand à Saint-Petersbourg).

Le style de la peinture s'adapte à sa clientèle de financiers et de bourgeois. Ce seront des portraits, des scènes de moeurs, des paysages (parcs boisés, fontaines, hommes et femmes pris sur le vif, scènes galantes et sentimentales...). Des représentants de la peinture du XVIIIe siècle sont Hubert Robert (1733-1808) (n°73), Oudry (1686-1755), Aubert (1720-1780) (n° 116), Chardin (1699-1779) (n°s 117 et 118), Fragonard (1723-1806) (n° 119), Watteau (1684-1721) (n° 120), Antonio Canale, dit Canaletto (Venise 1697-1768) (n°s 121 et 129), Boucher (1703-1770) (n°s 130 et 131), les Vanloo: Jean-Baptiste (1684-1745), Carle (1705-1765) et Michel (1707-1771) (n° 140), Quentin de la Tour (1704-1788) (n° 158) et ses pastels, Greuze (1725-1805) et ses pathétiques leçons de morale, Goya (1746-1828), Hogarth (1697-1764), Reynolds (1723-1792), Gainsborough (1727-1788), Wilson (1714-1782) et bien d'autres.

En sciences, c'est Watt (1736-1819) et la machine à vapeur, c'est l'apparition du thermomètre, c'est Buffon (1707-1788) (n° 108) et les sciences de la nature, Benjamin Franklin (Boston 1706-1790) et l'électricité, Monge (1746-1818) et les mathématiques; nous avons les aérostats des frères Montgolfier, Joseph (1740-1810) et Etienne (1745-1799), Lavoisier (1743-1794) et la chimie, madame du Châtelet (n° 110) et la physique, Herschel et des planètes nouvelles; des expéditions vont au Pérou et en Laponie pour vérifier les théories de Newton... Parallèlement à ce renouveau scientifique, il y a l'ésotérisme, les libertins, l'intérêt pour les codes et les législations, et surtout les mises en cause de la société, tout ce qui aboutira, à la fin du siècle, au grand bouleversement de la Révolution.

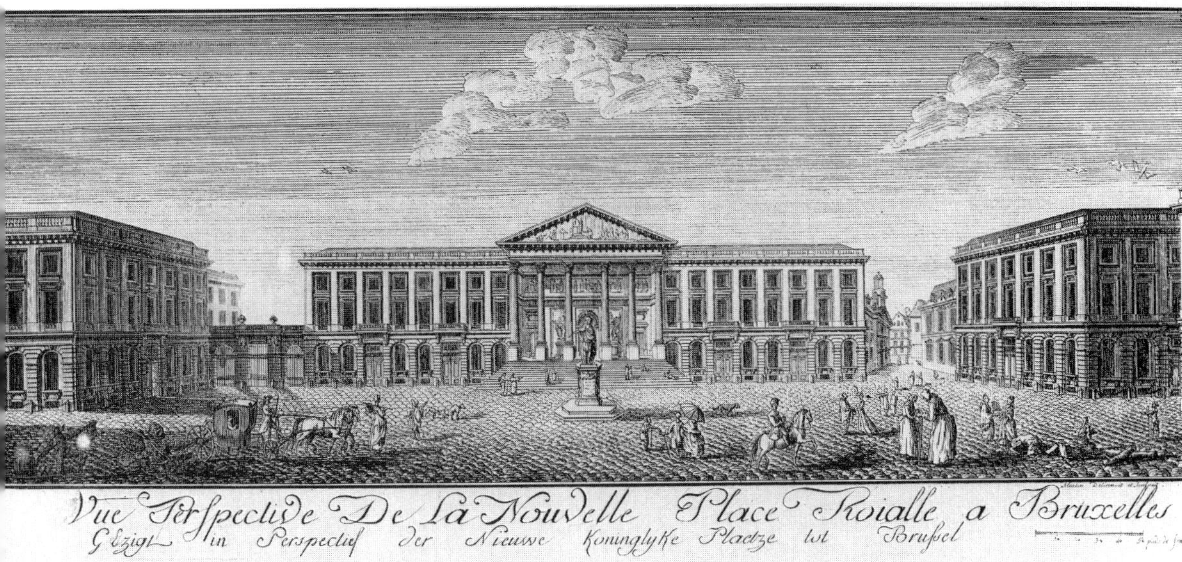

72. Jean Baptiste Martin, *Vue perspective de la nouvelle place royale* (n° 40 et n° 45), 1780, cuivre, burin, 193 x 403. Chalcographie, 678 C

73. Hubert Robert, *Jardin à l'italienne*, Rome, 1754, phototypie. Dessin à la plume et au lavis par le fameux peintre-paysagiste Robert (Paris 1733-1808), qui fit le traditionnel voyage d'Italie et étudia, comme son ami Fragonard, à l'Académie de Rome. Cabinet des Estampes, III 79366 E

74. Anonyme, ***Jeu de l'oie***, bois gravé du début du XVIIIe siècle, 300 x 400. Chalcographie, 3191 C

75. Robert Gaillard, *Le bouquet bien reçu*
et 76. *Le mouton favori*, cuivre, burin, 500 x 380 (l'adresse: Paris, rue St-Jacques, au dessus des Jacobins, entre un perruquier et une lingère).

Gaillard (Paris 1722-1785), fit ces gravures d'après Charles Dominique Eisen (n° 77), dans le goût du temps pour la sentimentalité et la «nature» organisée (cf. Trianon et les moutons enrubannés de Marie-Antoinette). Chalcographie, 3180 et 3181

77. Charles Dominique Eisen, *Requête à Marie-Thérèse*, vers 1773, dessin, encre de Chine et aquarelle, rehauts de gouache, 910 x 600.

Cabinet des Estampes, F. 37100

Cette «lettre» est dessinée par le peintre Eisen (Valencienne 1720-Bruxelles 1778), fils du peintre François Eisen (Bruxelles 1695-1778) qui avait fait, en 1757, des portraits équestres de François Ier et de Marie-Thérèse. Charles Eisen s'est formé à Paris et, ayant plu à madame de Pompadour, il devient son professeur de dessin et fait carrière à la cour de Louis XV. Eisen a remarquablement illustré une nouvelle édition des contes de Jean de La Fontaine, des écrits anticolonialistes de l'abbé Guillaume Raynal, ainsi que *La Henriade* de Voltaire, avec une série de 21 dessins pour lesquels l'auteur lui a écrit d'enthousiastes félicitations.

A la cour de France, on appréciait son esprit enjoué; mais une «malencontreuse hardiesse» lui vaut la disgrâce (On dit que, chargé par Mme de Pompadour de dessiner un costume pour le roi, il en garde une copie et se fait faire le même habit, qu'il étrenne alors que Louis XV portait le vêtement «unique»). Couvert de dettes et obligé de quitter la France, il vient à Bruxelles et essaie d'obtenir la protection de Charles de Lorraine. Comme on réorganise l'Académie de peinture de Bruxelles en 1773, il y demande un poste et, plutôt que de la rédiger, il dessine sa lettre de candidature, sa requête adressée à l'impératrice. Il la décore d'un encadrement architectural (qui comporte des symboles maçonniques) et indique son message dans les trois portraits en médaillon: à gauche, sa référence, Louis XV; au centre, Marie-Thérèse, de qui dépend la décision, et, à droite, Charles de Lorraine, dont il demande l'appui. L'œuvre est cependant restée à l'état d'ébauche. Eisen semble bien avoir finalement travaillé pour le duc Charles, et achève sa vie à Bruxelles.

78. Johann Elias Ridinger, *Scène de chasse* (un sanglier assailli par les chiens va être achevé au couteau par le veneur; deux piqueurs annoncent l'événement en sonnant de la trompe, et le maître des chiens sonne du cor)

et 79. *Scène de manège* (une leçon d'équitation en vers allemands et français: «Pour changer au galop aidez du caveçon) / De la jambe à la gauche et de la chambrière; / L'épaule de dehors veut dans cette leçon / Etre mise en avant et l'autre en arrière. / Du côté de dedans le cheval est forcé / Si le pié à la gauche est un peu avancé). Eaux-fortes, 339 x 413.

Ridinger (Ulm 1698-Augsbourg 1767), grava la série des *Représentations complètes et essentielles du plaisir des princes ou noble travail de la chasse.* La chasse était une véritable passion pour Charles de Lorraine.

Cabinet des Estampes, III 79366 E

80. Jacques Philippe Le Bas, *Les abois du cerf*, cuivre, burin, 510 x 380. Gravé par Le Bas (Paris 1707-1783) d'après Jean Baptiste Oudry (1686-1755).

Chalcographie, 3094 D

Cat. 82

81. Giovanni Volpato, ***Jardin où l'on représente une pièce de théâtre***, Parme, 1769. Volpato (Bassano 1733-1803) était le fils d'une brodeuse qui lui donna ses premières leçons de dessin; il devint un graveur fameux et fonda une école. Cabinet des Estampes, III 79366 E ß

82. Séraphin J. Heylbrouck, ***Vue du château de Tervuren du côté du Parc des Faisans***, c. 1760, 267 x 922, eau-forte d'après un dessin de Jean Faulte (1726-1766), architecte de la cour, qui commémorait les bâtiments du prince par des dessins; celui-ci est étoffé d'un avant-plan: fête champêtre et gondole couverte, employée par Charles de Lorraine. Cabinet des Estampes, S II 12800, maximo

83. Jean Michel Moreau le jeune, ***Jardin à la française***.
Moreau le jeune (Paris 1741-1814) illustra les œuvres de Voltaire.
Cabinet des Estampes, III 79366 E α

84. Ignace von Born, ***Testacea Musei Caesarei Vindobonensis***, Vienne, 1780. Réserve précieuse, LP VB 4339 C

Cet ouvrage recense la collection de coquillages de l'empereur François Ier, frère de Charles de Lorraine, collection scientifique célèbre dans toute l'Europe et égalée seulement par celle de Catherine II de Russie. Le catalogue est réalisé par le directeur du cabinet d'histoire naturelle de Vienne, von Born (1742-1791). En ce qui concerne notre gouverneur, le catalogue illustré de sa collection de coquillages et de coraux s'est perdu. L'héritier des biens de Charles de Lorraine, Joseph II, lui aussi féru de minéralogie, chargea von Born, toujours directeur du cabinet d'histoire naturelle de Vienne, de choisir les plus belles pièces de la collection du prince défunt.

Rappelons les goûts scientifiques de Charles de Lorraine (n° 22); son cabinet d'histoire naturelle comportait, en plus d' une remarquable collection qu'il avait commencée très tôt, et qui avait une certaine notoriété à l'étranger, de nombreux ouvrages de biologie marine, ainsi que le catalogue de son frère.

85. *Listes de livres choisis à placer dans les différentes bibliothèques publiques aux Pays-Bas*, prétendûment Vienne, Imprimerie de la cour, 1782, photographie (cf. n° 62)

86. Pierre Vervisch, *Wonderbaer en rugtbaer leven van den ex-pater Auxilius van Moorslede, alias Pieter-Francis-Dominiq Vervisch*, Brugge, 1791. Imprimés, II 28692

Le capucin Vervisch (1747-1793), en religion le père Auxilius Van Moorslede, était un adepte des réformes religieuses de Joseph II. Il fut donc persécuté par ses supérieurs, suspendu, interdit et excommunié. Il commença alors une vie d'aventures et publia cette autobiographie apologétique (Vie fameuse et merveilleuse de...), où il critique violemment le clergé des Pays-Bas autrichiens. C'est la première œuvre anticléricale importante dans les Pays-Bas, depuis les troubles religieux du XVIe siècle.

87. Geerard Jan Sterck, *Démonstration de la foi catholique ou réfutation de la sceptique Profession de foi du prétendu Vicaire savoyard, précédée d'un discours préliminaire à M. J.-J. Rousseau par un curé flamand*, Courtrai, 1765. Imprimés, VH 1980 A

Sterck (Alost 1717-1776), qui répond ici au «sceptique» Jean-Jacques Rousseau, était curé à Bissegem, en Flandre. L'ouvrage est d'une orthodoxie religieuse parfaite, mais prouve aussi une excellente connaissance de Rousseau. Son raisonnement part de l'existence de Dieu pour aboutir à l'excellence des rapports entre l'Eglise et l'Etat, en passant par une réfutation de l'*Emile*. Cependant, en citant tous les passages réfutés, il offre sans le vouloir l'occasion de lire un ouvrage interdit depuis 1762. Une légende locale prétend que Rousseau, touché, serait venu voir son contradicteur; c'est faire beaucoup d'honneur à ce dernier!

88. Fr. Fulgentius Hellynckx, *De onlichamelijkheit ende ontsterffelijkheit der redelijke ziele*, Gand, 1762. Imprimés, IV 19889 A

L'augustin Hellynckx (Hondschoote 1697-Ypres 1767) fut prieur à Roulers, puis, à partir de 1733, prédicateur itinérant dans sa région natale. Il fut le dernier car, en 1766, la prédication en néerlandais y fut interdite. En 1762, il publie ce réquisitoire sur l'immatérialité et l'immortalité de l'âme rationnelle, qui eut plusieurs rééditions. C'est un traité apologétique et circonstancié de 500 pages, destiné à convaincre les «libertins et matérialistes flamands» de rejoindre la doctrine augustinienne et de renier les philosophes. Son combat prouve en tout cas que ces derniers étaient lus en Flandre, sans doute avec un mélange d'admiration et de crainte. Hellynckx condamne l'*Esprit des Lois*, l'*Emile* (paru depuis un an seulement) et tout Voltaire. Il consacre quelques pages, en avertissement spécial, à montrer le danger de la langue élégante et du style envoûtant des écrits philosophiques.

89. John Turberville Needham, *La vraie philosophie*, Bruxelles, de Boubers, 1774. Imprimés, VH 3929 A

Ecclésiastique et physicien d'origine anglaise, Needham (1713-1781) s'était fixé à Bruxelles depuis 1769, et fut le premier directeur de la Société Littéraire qui allait devenir l'Académie (Gérard, n° 38, en était le secrétaire perpétuel et Cobenzl, n° 37, le président). Ses textes scientifiques défendaient le principe vital (la génération spontanée), et avaient été raillés par Voltaire; une polémique s'établit entre eux. En 1771, Needham publie contre Voltaire *Les vrais Quakers*. Or, lisant le *Système de la Nature* de d'Holbach, la bible du matérialisme, il y retrouve des idées conformes à certaines des siennes. Il craint donc d'avoir aidé l'athéisme, et s'en défend en publiant *La vraie philosophie*, une réfutation de d'Holbach et un plaidoyer pro domo. En fait, Needham était coincé entre foi et science, et admettre que l'homme a besoin tant de la science que de la révélation, c'était admettre que la foi ne suffisait pas.

90. Xavier de Feller, *Catéchisme philosophique ou Recueil d'observations propres à défendre la religion chrétienne contre ses ennemis*, Liège, Bassompierre, 1773. Imprimés, VI 26748 A

L'abbé jésuite Feller (Bruxelles 1735-1802) (ou son anagramme Flexier de Reval) avait beaucoup voyagé en Europe centrale. Il est l'un de ces esprits solides du XVIIIe siècle qui s'étaient donné pour mission de défendre la religion. Ce prédicateur polygraphe, enseignant brillant, polémiste érudit et réactionnaire, entame une énergique croisade contre la contagion athée, et contre les Lumières (il avait, par exemple, loué la méconnaissance du français par les Flamands). Il est contre toute cosmologie moderne et contre Buffon (n° 108). Il affirme avec passion l'existence de Dieu, l'immortalité de l'âme et la nécessité de la religion catholique. Pour lui, un athée est un malade mental et les ennemis du catholicisme sont des monstres (dont le plus exécrable est Voltaire); il exalte la révocation de l'Edit de Nantes, il regrette l'Inquisition et le «doux et loyal» régime espagnol. C'est une apologie intolérante et convaincue, qui implique pourtant la pratique courante de ceux qu'il condamne, et traduit l'inquiétude de l'Eglise face à la sécularisation de la culture. L'ouvrage présenté fut donné en prix à un écolier liégeois en 1782, tandis qu'en 1788-89, le «joséphisme» frappa le *Cathéchisme philosophique* d'interdiction.

91. Cupis de Camargo, *Lettres de Cang-Ti, Grand Mandarin de la Chine, recueillies par Mylord comte de Shaftesbury*. c. 1772. Manuscrits, 5716

Les trois tomes de ce manuscrit autographe semblent prêts pour l'impression, mais n'ont jamais été publiés. On en connaît mal l'auteur, qui se réclame de Voltaire et de la philosophie anglaise; il serait natif de Bruxelles et se serait suicidé vers 1772; il s'agit sans doute d'un parent de la célèbre danseuse Marie-Anne de Camargo (1710-1770), née à Bruxelles et qui triompha à l'opéra de Paris (les Cupis, originaires des Etats romains, s'étaient alliés à la famille espagnole des Camargo et s'étaient fixés à Bruxelles depuis le XVIes.).

Camargo emploie le subterfuge classique d'un soi-disant éditeur, Shaftesbury, qui rassemble les écrits d'un soi-disant auteur décédé, Cang-Ti, avec le «truc» non moins classique de prétendues lettres d'un étranger qui s'étonne de ce qu'il découvre au cours de ses voyages. (cfr. les *Lettres persanes* (1721) de Montesquieu (1689-1755), les *Lettres juives* (1754) ou les *Lettres chinoises* (1759) du marquis d'Argens (1704-1771).

Les Lettres de Cang-Ti sont violemment antireligieuses: l'auteur fait une critique détaillée d'un livre du jésuite Claude Nonnotte (1711-1793), *Les erreurs de Voltaire*, réfute le christianisme, dénonce le message des Ecritures et l'immoralité de l'Ancien Testament, et rejette tout théocratisme. Les dix lettres du troisième tome récusent les dogmes chrétiens et font une apologie du suicide. C'est l'essence même de la religion qui est attaquée, et celle de causalité première, c'est-à-dire d'un dieu. Camargo conclut à la liberté totale, à la morale naturelle et à l'athéisme.

92. Anonyme, *Traité de pneumatologie*. Manuscrits, III 838 D

L'auteur de ce manuscrit, sans date, de 101 feuillets, était probablement un ecclésiastique. Il s'agit d'un traité des âmes (pneuma = souffle) dont il veut prouver l'existence et l'immortalité; il fait appel pour cela aux mages, augures, oracles, loups-garous, fantômes et feux-follets. Pour l'auteur, tous les philosophes sont des impies et des athées. Certaines formules sont significatives: «L'impiété a quitté le masque pour marcher tête levée, elle a franchi toutes les barrières, traînant à sa suite l'injustice, le libertinage, l'aveuglement des esprits, la corruption des mœurs; avec elle nous sont venus tous les maux. Qui eût cru que dans un siècle qu'on appelle siècle des Lumières, l'impiété se fût fait tant de partisans?... Le beau sexe même se glorifie de ce vain titre: Madame est un esprit fort! Quel compliment! ô temps! ô moeurs! L'impie est une personne collée à la terre qui aime mieux se dire semblable aux bêtes pour en mener la vie sans remords».

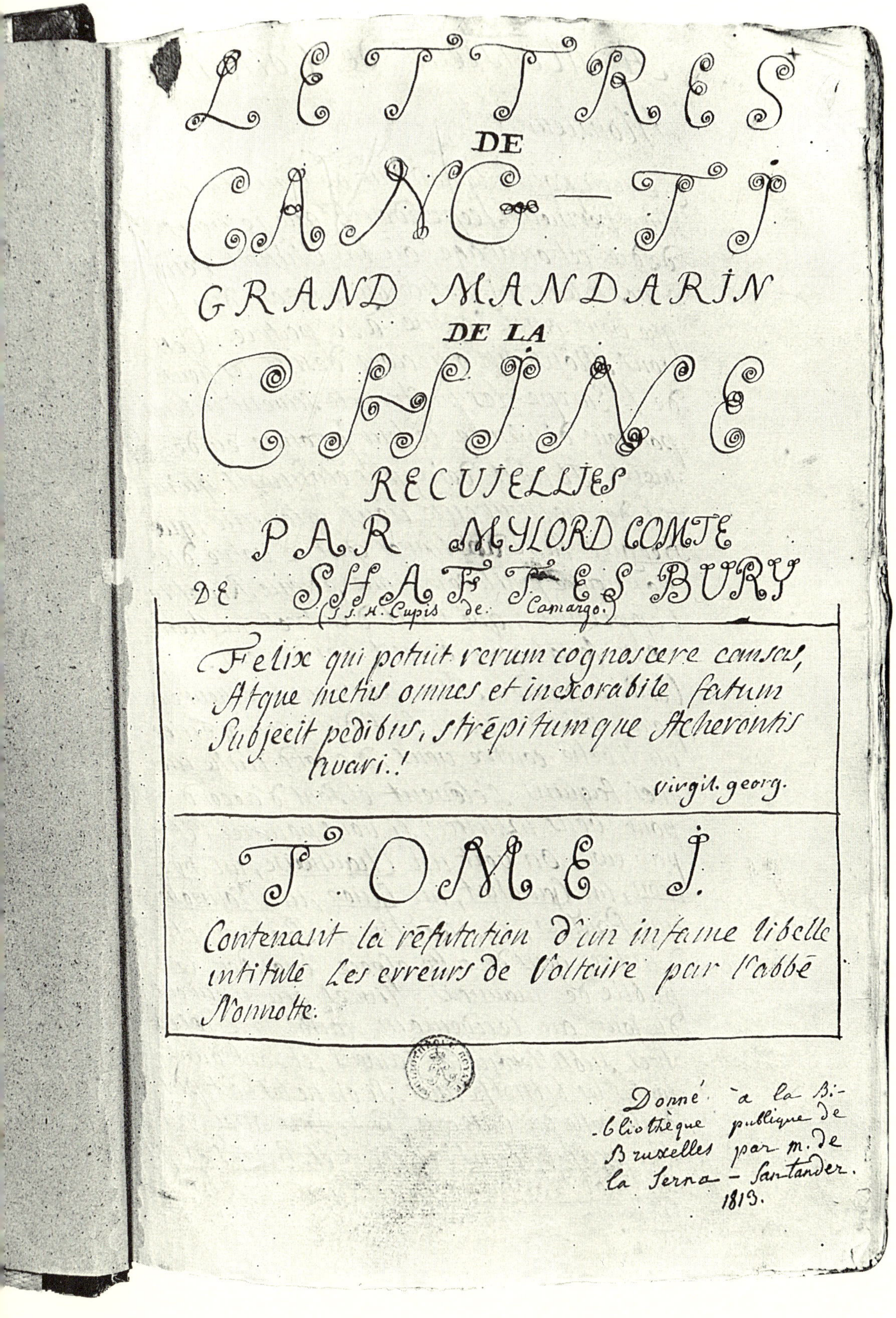

LETTRES
DE
CANG-TI
GRAND MANDARIN
DE LA
CHINE
RECUEILLIES
PAR MYLORD COMTE
DE SHAFTESBURY
(J. J. H. Cupis de Camargo.)

Felix qui potuit rerum cognoscere causas,
Atque metus omnes et inexorabile fatum
Subjecit pedibus, strepitumque Acherontis
avari.!

virgil. georg.

TOME I.

Contenant la réfutation d'un infame libelle intitulé Les erreurs de Voltaire par l'abbé Nonnotte.

93. David Hume, *Dialogue sur la religion naturelle*, Edimbourg, 1780.

Imprimés, VH 2356 A

Le philosophe empiriste Hume (Edimbourg 1711-1776) fut quelque temps commerçant, puis partit en Anjou, où il supporta stoïquement sa pauvreté. Son *Traité de la Nature humaine* (1734/36), lucide et spirituel, reprend l'empirisme de Locke et Berkeley: toute connaissance vient des sensations, il convient d'être sceptique devant toute idée, et les passions l'emportent sur la raison. Son athéisme entrave sa carrière de professeur; en 1745, il est précepteur, puis, en 1746, secrétaire d'un général qu'il accompagne à Vienne et à Turin. La version simplifiée de son traité paraît en 1748 (traduite en allemand, elle influencera Kant). On doit à Hume de nombreux ouvrages, dont une célèbre *Histoire d'Angleterre*. Il devient secrétaire de l'ambassadeur à Paris en 1763, et fréquente les lettrés français; c'est ainsi qu'il aidera Rousseau, en 1766/67, à s'installer en Angleterre, mais cette relation tournera à la brouille.

Dans le *Dialogue sur la religion naturelle*, il imagine trois interlocuteurs qui discutent de l'existence de Dieu. Par prudence, le livre, écrit en 1750, ne fut publié qu'en 1779.

94. Denis Diderot, *Pensées philosophiques en françois et en italien, auxquelles on a ajouté un Entretien d'un philosophe avec Mme la Duchesse de... ouvrage posthume de Tommaso Crudeli*, Londres, 1777.

Imprimés, II 49159 A

Denis Diderot (Langres 1713-Paris 1784) (n° 140 à n° 143) était le fils d'un coutelier; il fut élève des jésuites et destiné d'abord à l'état ecclésiastique. Il occupe divers emplois (cf. l'évocation de sa jeunesse dans *Le Neveu de Rameau* et dans *Jacques le fataliste*), puis il entre en relation avec les «philosophes». Il se met à écrire et a d'âpres démêlés avec la censure. Sa vie est besogneuse (traductions, pamphlets, romans licencieux...); il est l'auteur d'une bonne partie de l'imposante *Encyclopédie* (n° 105), ainsi que d'ouvrages difficilement classables, comme *Les Bijoux indiscrets* (1748) ou les *Lettres sur les aveugles à l'usage de ceux qui voient* (1749) qui lui valurent d'être emprisonné, de drames, qui vont dans le sens d'une nouvelle dramaturgie (n° 141 et n° 142), des *Salons*, où il fonde la critique d'art, du *Rêve de d'Alembert*, de *La Religieuse*,... et d'une abondante correspondance.

Les *Pensées philosophiques* avaient été publiées en 1746 sans nom d'auteur, de lieu, ni d'éditeur. C'était plus prudent, puisqu'elles ont été immédiatement condamnées au feu par le Parlement de Paris. Diderot venait de traduire *Principes de la philosophie morale ou Essai sur le mérite et la vertu*, du philosophe anglais Shaftesbury (Londres 1671-Naples 1713) (Antony Ashley Cooper, comte de Shaftesbury, laisse des textes déistes, rassemblés, en 1711, dans *Caractéristiques de l'Homme, des Moeurs, des Opinions et du Temps*). Diderot y avait puisé des idées pour étayer une religion «naturelle», un déisme. Il évoluera plus tard vers l'athéisme.

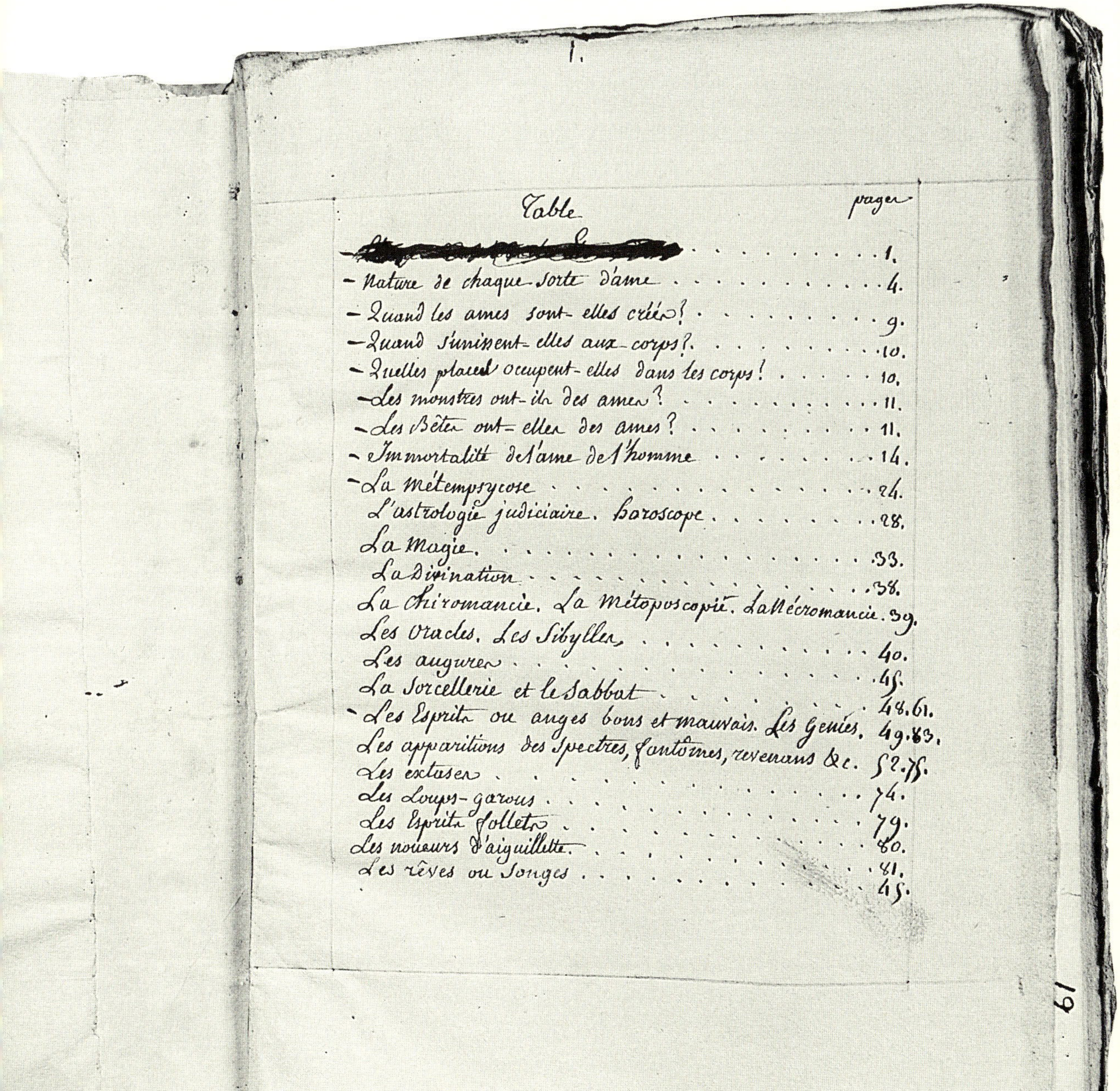

1.

Table — pages

19

Cat. 92

En 1765, l'impératrice Catherine II de Russie lui achète en viager sa bibliothèque, ce qui améliore sa condition et explique son voyage à Saint-Pétersbourg en 1773. Robuste et généreux, bouillonnant d'idées, incrédule et déterministe, Diderot est l'une des grandes figures du XVIIIe siècle.

Les *Pensées philosophiques* seront très souvent réfutées au cours du siècle. Lors d'une réédition du livre, Diderot y ajoute l'*Entretien*, un charmant dialogue écrit à La Haye en 1774; il l'attribue au libre-penseur italien Tommaso Crudeli (mort en 1745) et y fait converser agréablement un incroyant tolérant et une dame d'une douce catholicité.

95. Frédéric de Hohenzollern, *Œuvres du philosophe de Sans Souci*, Potsdam, 1760. Imprimés, VH 11950 A

Frédéric II, roi de Prusse (Berlin 1712-1786) avait, outre son génie militaire, des goûts littéraires (n° 178), musicaux et philosophiques. Son livre, écrit en français, avait été annoté par Voltaire, qui échangeait d'ailleurs avec le roi une correspondance suivie.

96. Emmanuel Kant, *Observations sur le sentiment du Beau et du Sublime*, Paris, 1796. Imprimés, VH 9026 A

Ce philosophe allemand (Königsberg 1724-1804) est surtout un théoricien de la connaissance (cf. *Critique de la raison pure, Critique de la raison pratique, Critique du jugement, Fondement de la métaphysique des moeurs...*).

97. Etienne Bonnot de Condillac, *Cours d'étude pour l'instruction du prince de Parme*, Deux-Ponts, 1782. Réserve précieuse, LP VI 43905 A

Condillac (Grenoble 1715-1780) est un abbé «éclairé», ami de Diderot et des Encyclopédistes. De 1758 à 1767, il réside à Parme, où il est le précepteur de l'infant don Ferdinand. C'est pour lui qu'il rédige les 16 volumes de ce cours, où il traite des méthodes d'acquisition des connaissances, donc de l'art de penser. Il est aussi l'auteur, en 1754, d'un *Traité sur les sensations*, dont la philosophie sensualiste, inspirée de Locke, fit longtemps autorité.

98. Claude Adrien Helvetius, *Œuvres*, Londres, 1777.
Imprimés, VH 3867 A

Helvétius (Paris 1715-1771), ami des Encyclopédistes, fonde l'intelligence sur les sens, et la morale sur l'intérêt social. Pour lui, les hommes naissent intellectuellement et moralement égaux, et l'inégalité vient d'une inégalité d'éducation; d'où la nécessité de diffuser les Lumières.

99. Johann Gottfried Herder, *Ideen zur Philosophie der Geschichte der Menschheit*, Carlsruhe, 1790. Imprimés, 3e Cl. III b 2

Cet écrivain allemand (Mohrungen 1744-1803) est l'un des initiateurs du Sturm und Drang. *Idées sur la philosophie de l'histoire de l'humanité*, sera analysé par Madame de Stael (1766-1817) et inspirera l'historien Michelet, surtout pour l'idée de l'histoire fondée sur la géographie.

100. Paul Henri Dietrich d'Holbach. *Le bon sens ou idées naturelles opposées aux idées surnaturelle*s, Londres, 1772. Imprimés, VI 60481 A

D'Holbach (Heidelsheim 1723-Paris 1789), était chargé de rédiger les articles sur la chimie de l'*Encyclopédie*. Son *Christianisme dévoilé* (1761), et surtout *Le Système de la nature* (1770), matérialiste, déterministe et athée, firent grand bruit.

101. François Marie Arouet, dit Voltaire, *Œuvres de Mr. de Voltaire*, Amsterdam, Jacques Desbordes, 1789. Imprimés, Faber 293

Avec Rousseau et Diderot, c'est certainement le nom de Voltaire (Paris 1694-1778) (n° 163 et n° 164) qui vient à l'esprit si l'on évoque les Lumières. Fils de notaire, il fait des études chez les jésuites. Après des péripéties de jeunesse, qui le mènent quelque temps à la Bastille, il se rend célèbre dès ses premiers écrits; en 1726, après un nouvel «embastillement», il doit s'exiler en Angleterre. Il en revient mûri, écrit et fait fortune. En 1734, ses *Lettres philosophiques* le forcent à s'éloigner de Paris; il se réfugie en Lorraine (où il a pu rencontrer Charles de Lorraine), puis s'installe à Cirey, chez Madame du Châtelet, la «divine Emilie» (n°110). Il prend la première place dans la lutte philosophique, dont il répand les idées dans ses œuvres, ses pamphlets et ses lettres. Il rentre en grâce en 1745, devient historiographe, gentilhomme ordinaire du roi Louis XV, et académicien. Son amie Emilie meurt en 1749 et, de 1750 à 1753, il séjourne à Berlin, auprès de Frédéric II de Prusse. Après avoir dû fuir, il s'installe près de Genève en 1755, puis finalement à Ferney en 1758, d'où il continue la lutte philosophique. Il prend part à l'*Encyclopédie*, avant de s'en détacher, la jugeant trop accommodante.

Il intervient souvent pour réhabiliter des victimes d'erreurs judiciaires (Calas, Sirven, Lally-Tollendal). Il mène une longue vie, extrêmement active et connaîtra une gloire extraordinaire. Epicurien, parfois vaniteux, prudent, il était bienfaisant et tolérant, et surtout remarquablement clair, intelligent et spirituel .

Il laisse une œuvre immense. Il est poète, par exemple dans l'épopée *La Henriade* (1728). Il est dramaturge avec des tragédies comme *Oedipe* (1718), où l'on trouve ces vers: «Nos prêtres ne sont pas ce qu'un vain peuple pense. / Notre crédulité fait toute leur science» (IV, 1), comme *Zaïre* (1732), ou comme *Mérope* (1743), où on lit: «Le premier qui fut roi fut un soldat heureux» (I, 3); son pathétique est assez artificiel et ses personnages souvent factices: ils sont surtout les porte-parole de sa philosophie. Il est philosophe, contre les religions mais déiste, contre les abus de l'Ancien Régime mais monarchiste, contre toute intolérance, sans restriction. Il est historien avec *Le siècle de Louis XIV* (1751); son histoire, très documentée, est orientée vers la lutte contre le fanatisme. Il est conteur et romancier dans *Zadig* (1747), *Candide* (1750), *Micromégas* (1752). Il est l'épistolier d'une énorme correspondance, à la valeur d'un journal. Il est surtout un symbole.

La bibliothèque de Voltaire, 4000 titres, fut achetée par Catherine II de Russie en 1778, pour la somme énorme de 135.398 livres, 4 sols et 6 deniers, et est conservée actuellement, comme celle de Diderot, à l'Ermitage de Saint-Petersbourg.

Il est venu assez souvent à Bruxelles (surtout avec son amie Madame du Châtelet, qui y avait une maison et qui soutenait, à Bruxelles, un vieux procès avec la famille d'Hoensbroeck); le philosophe, reçu pourtant par plusieurs familles dont il appréciait les bibliothèques, n'était pas un enthousiaste de notre ville: «Pour la triste ville où je suis / C'est le séjour de l'ignorance, / De la pesanteur, des ennuis, / De la stupide indifférence.» et «Un vrai pays d'obédience, privé d'esprit, rempli de foi» (1740).

102. Antoine Nicolas Caritat de Condorcet, *Esquisse d'un tableau historique des progrès de l'esprit humain*, Paris, 1822. Imprimés, II 39538

Mathématicien (membre de l'Académie des Sciences en 1769 et son secrétaire perpétuel en 1773), économiste (il fut Inspecteur des Monnaies), membre de l'Académie française en 1782, philosophe et assidu du salon de mademoiselle de Lespinasse, Condorcet (1743-1794) était un ami et un collaborateur des Encyclopédistes; il fut député de Paris, puis président de l'Assemblée législative (1792) et conventionnel. Sous la Terreur, lorsqu'on jugea les Girondins, il fut recherché et dut se cacher pendant huit mois; finalement arrêté et jeté en prison, il s'y empoisonna pour échapper à l'échafaud.

Le livre présenté fut écrit en 1793, année pénible pour l'auteur, qui cependant y exprime un indéfectible optimisme. Une ardente conviction scientifique poussait Condorcet à croire au progrès indéfini de l'humanité, si celle-ci suit les méthodes des sciences positives.

103. Bernard de Fontenelle, *Entretiens sur la pluralité des mondes*, Amsterdam, 1701. Imprimés, VH 8311 A

Le quasi centenaire Fontenelle (Rouen 1657-1757), neveu de Corneille, fut secrétaire perpétuel de l'Académie des sciences. Spirituel et parfait homme du monde, il était recherché dans les «bureaux d'esprit», les cafés, les salons.

Ses *Dialogues des Morts* (1683), ainsi que sa *Digression sur les Anciens et les Modernes* (1688) avaient pris position pour les Modernes, vu leur supériorité scientifique. Ses *Entretiens*, de 1686, une vulgarisation scientifique sur l'astronomie, ont eu un grand succès et ont mis la science à la mode.

104. ***Livre de la Confrérie des Esclaves de la Vierge Marie***.

Manuscrits, 11716

Cette confrérie, fondée à Bruxelles en 1626, était réservée aux nobles. Son registre présente les armoiries et les signatures des membres, issus de la noblesse belge, espagnole, française et autrichienne. Les pages ouvertes ici sont celles de Marie-Anne et de Charles de Lorraine; plus loin, pour l'année 1741, on a la surprise de rencontrer le nom de la marquise du Châtelet (n° 110), physicienne «éclairée» et amie de Voltaire (feuillet 106: «Gabrielle Emilie de Breteuil marquise du Chastellet Esclave de la Vierge Marie, prévoste lannée 1741»); on y trouve aussi Anne-Charlotte «humble servante de la très sainte Vierge», les noms de Ligne, de Croÿ, de Tour et Taxis, d'Arenberg, de Mérode, d'Egmont, de Nassau, de Limburg-Stirum, et, au feuillet 111, «Béatrix Clémantine Martigny contesse de Choiseul-Meuse, prévotte pour Lannée 1746», qui fut une amie très intime de Charles de Lorraine...

105. Robert James, ***Dictionnaire universel de médecine, de chirurgie, de chymie, de botanique, d'anatomie, de pharmacie, d'histoire naturelle, &. Précédé d'un Discours historique sur l'origine et les progrès de la médecine***, traduit de l'anglois par Mrs Diderot, Eidous et Toussaint, Paris, 1746-1748, 6 volumes.

Imprimés, VB 4459 C

Cet important ouvrage comporte, outre la définition, l'étymologie et les symptômes des maladies, l'usage médicinal des plantes, les préparations pharmaceutiques, les remèdes traditionnels, les traitements, des observations anatomiques, physiologiques, thérapeutiques, ainsi que des références historiques ou alchimiques. Diderot (n°s 94, et 140 à 143) se borna-t-il à en être le traducteur? C'est peu de temps après qu'il se lança, avec le mathématicien Jean Le Rond d'Alembert (1717-1783) (fils naturel de Mme du Tencin), dans la grande entreprise que fut *l'Encyclopédie, ou Dictionnaire raisonné des sciences, des arts et des métiers* (1751-1772). Le dictionnaire présenté ici a sans doute eu l'influence d'un point de départ, d'un exemple.

Les encyclopédies sont presque aussi anciennes que les cultures écrites (cf. les «sommes» latines du moyen âge), mais il faut reconnaître l'importance des encyclopédies modernes, en langue vulgaire et présentant leurs articles dans l'ordre alphabétique. En France, il y avait le projet cher à Louis XIV du *Cabinet*, somme des connaissances acquises sous son règne; il y avait le *Dictionnaire historique* de Louis Moreti, paru à Lyon en 1674 et qui connut 20 rééditions en 25 ans; il y avait, de 1690, le *Dictionnaire universel des arts et des sciences*, du huguenot Antoine Furetière; il y avait encore le fameux *Dictionnaire historique et critique* de Pierre Bayle, 4 volumes d'esprit rationaliste parus en 1695-97, ou le *Dictionnaire* imprimé par les jésuites en 1704 à Trévoux...

Peu après la présente traduction, l'éditeur Le Breton demande à Diderot de traduire l'ouvrage anglais d'Ephraïm Chambers, *Cyclopedia or Universal Dictionary*

of the Arts and Sciences, paru en 1727 (2 volumes, avec un système de renvois et quelques planches). Le philosophe propose, au lieu d'une simple traduction, un ouvrage original, qui serait le résumé de toutes les conquêtes du progrès, ainsi que l'arme de guerre du parti philosophique. Avec d'Alembert, qui écrit le beau *Discours préliminaire* de l'œuvre, il s'assure la collaboration des plus brillants savants, écrivains et philosophes du temps: Voltaire, Montesquieu, Buffon, Dumarsais, Marmontel, Helvétius, Condillac, Grimm, d'Holbach, Rousseau, Turgot, etc. Cette immense entreprise, dont l'âme était Diderot, obtient le «privilège» en 1746; le prospectus est lancé en 1750 et l'*Encyclopédie* commence à paraître à Paris en 1751. Dès 1752, les théologiens obtiennent la suppression des deux premiers volumes, mais la publication continue. En 1759, le Parlement condamne les huit volumes «impies» déjà parus et révoque le privilège. L'impression se poursuit cependant dans la clandestinité, en partie grâce à la protection de Mme de Pompadour, et malgré le clergé et le Parlement. L'ouvrage aura 28 volumes in-

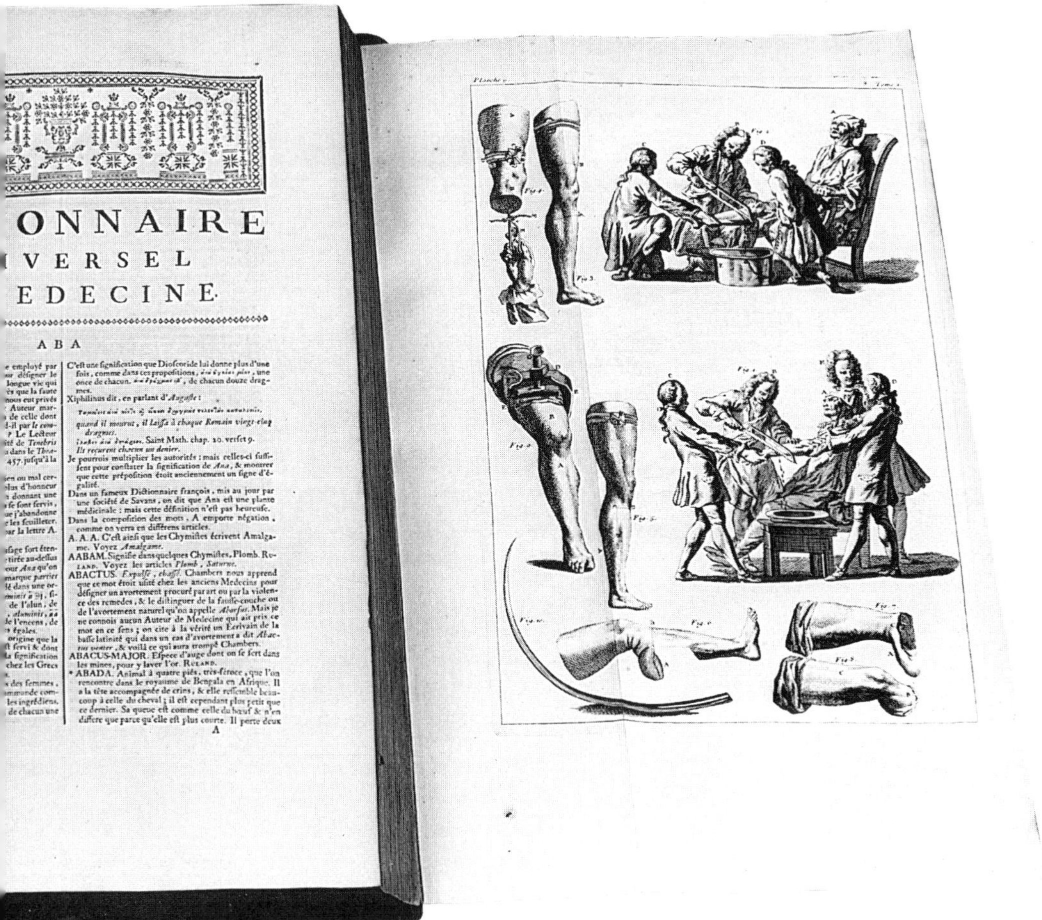

folio, 17 volumes de texte et 11 de planches, destinées à magnifier le travail manuel et la technologie. On ajoute, de 1776 à 1780, 4 volumes de texte, 1 volume de planches et 1 volume de tables; au total, l'ouvrage comporte 2900 planches. L'*Encyclopédie*, très vite contrefaite, marque le triomphe de l'esprit philosophique et peut être considérée comme le moteur intellectuel du siècle. Elle a connu un succès immédiat et universel.

106. ***Journal encyclopédique,*** Bouillon, 1766. Imprimés, II 88350
et 107. ***Mémoires historiques sur la suppression du Journal encyclopédique*.** Manuscrits, 17686

Les premiers volumes de l'*Encyclopédie* (n° 105), en 1751, avaient fait germer l'idée de créer un journal qui en propagerait les idées dans toute l'Europe. C'est le journaliste toulousain Pierre Rousseau (1716-1785) qui fonde l'entreprise, à

Liège. Il expédie un «prospectus» qui amène de très nombreuses souscriptions. Le *Journal* affiche ouvertement son esprit encyclopédiste, ce qui fait son succès, mais ce qui provoque aussi la levée de boucliers des cléricaux. Après la condamnation de 1759, des évêques de Liège et des théologiens de Louvain reprennent leurs attaques contre le *Journal encyclopédique*, et Rousseau s'enfuit à Bruxelles où il est protégé par Cobenzl. Des pamphlets se succèdent et l'atmosphère s'échauffe; Charles de Lorraine est amené à interdire toute publication, pour ou contre le *Journal*. On lui écrit un *Mémoire*, resté inédit, sur toute l'affaire; toujours en 1759, le prince soumet le différend à Marie-Thérèse. Depuis Vienne, le ministre Kaunitz donne un avis négatif. C'est alors que le duc de Bouillon, Charles de la Tour d'Auvergne, permet à Rousseau d'installer ses presses à Bouillon, en 1760; le *Journal* y paraîtra régulièrement, et Bouillon devient un foyer encyclopédique.

108. Georges Louis Leclerc de Buffon, *Les époques de la nature*, Paris, 1790.
Imprimés, VH 5573 A

Buffon (Montbard 1707-1788) appartenait à la noblesse de robe; il voyagea et montra très tôt son goût pour les sciences. Dès 1733, il est de l'Académie. Devenu intendant du jardin du roi (actuel Jardin des Plantes), ce travailleur acharné ne parvint pas à terminer son énorme *Histoire naturelle générale et particulière* (36 volumes in-quarto, édités de 1749 à 1784 par l'Imprimerie Royale), dont les *Suppléments* contiennent *Les époques de la nature* (1778); il en écrira le texte dix-huit fois avant d'être satisfait de la forme, de la cohérence et de la précision. Buffon est partisan de la subordination de la nature à l'homme, justifiée par la suprématie de l'esprit sur la matière; il a aussi jeté les bases du système évolutionniste que développera Darwin. Buffon se rattache aux philosophes par son analyse non religieuse des forces naturelles et par sa foi dans le progrès de l'humanité.

109. Carl von Linné, *Viridarium cliffortianum in quo exhibentur Plantae omnes, quas vivas aluit Hortus Hartecampensis, annis 1735, 1736, 1737*, Amsterdam, 1737.
Réserve précieuse, LP VH 6948 C

Linné (Raashult 1707-1778) décrit ici la collection de plantes du banquier Georges Clifford (dont le jardin était à l'abandon en 1793, lorsque le visita Van Hulthem (Gand 1764-1832), bibliophile à qui ce livre a appartenu).

Le naturaliste suédois a donné une classification des plantes en vingt-quatre classes, selon le nombre et la disposition des étamines, ainsi qu'une classification du règne animal.

110. Gabrielle-Emilie Le Tonnelier de Breteuil du Châtelet, *Dissertation sur la nature et la propagation du feu*, Paris, 1744.

La «divine Emilie» (Paris 1706-1749) fut, pendant quinze ans, la maîtresse de Voltaire, qu'elle accueillit dans son château de Cirey. Physicienne avertie et rationaliste, elle était aussi membre de la Confrérie des Esclaves de la Vierge Marie à Bruxelles (n° 104).

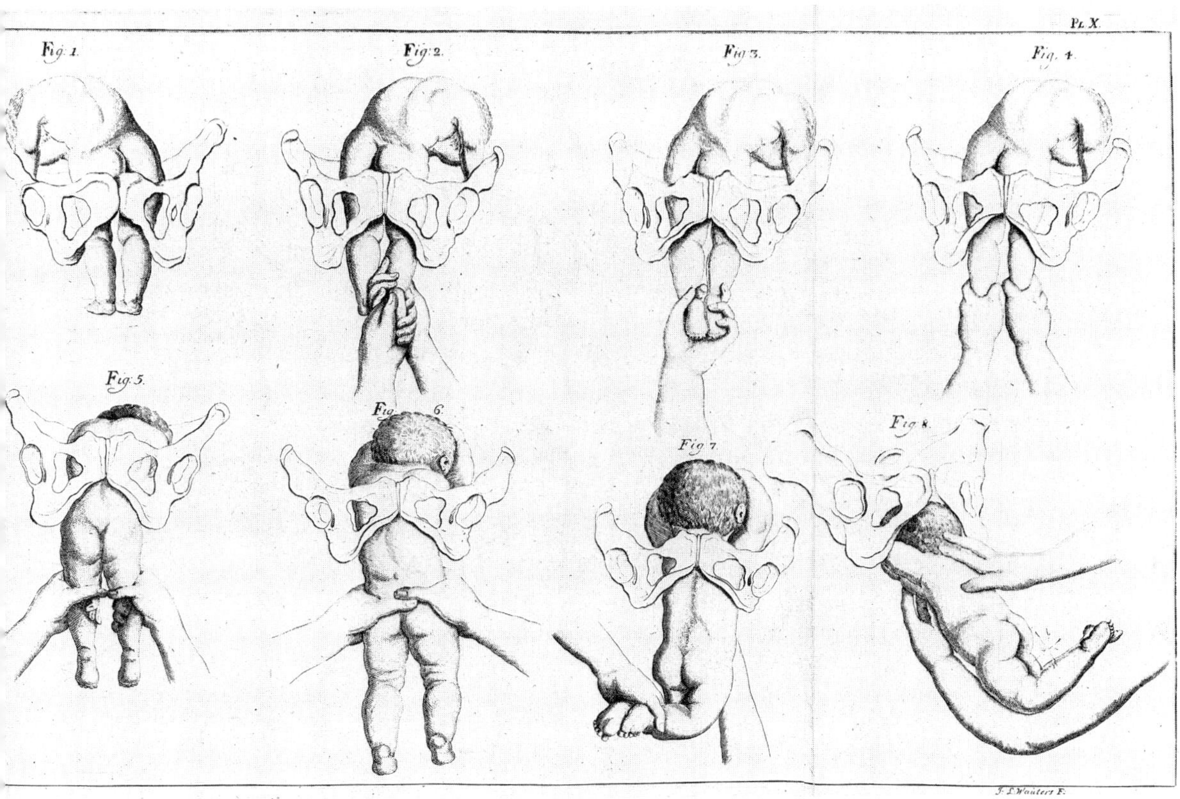

111. Jan-Bernard Jacobs, *Vroedkundige oeffenschool*, *vervattende in een klein bestek meerendeels alles, 't geen tot deze konst eenige betrekking heeft, de geneeskunde uitgezonderd, uitgegeven bij wijze van lessen, met kopere plaeten*, Gand, 1784.

Au XVIIIe siècle, beaucoup d'enfants mouraient en naissant et beaucoup d'accouchements se passaient mal. C'était dû en partie à l'impéritie des matrones (savoir rudimentaire, préjugés, superstitions), aux chirurgiens-barbiers mal préparés, et à la rareté des sages-femmes. Pour être matrone-accoucheuse, il suffisait de prouver au curé qu'on était capable de baptiser en cas de nécessité, et de jurer aux échevins qu'on ne pratiquerait pas d'avortement.

Dans la deuxième moitié du siècle, apparaît une amélioration: les chirurgiens interviennent un peu plus souvent et on s'intéresse à l'enseignement de l'obstétrique, domaine dans lequel la France avait bonne réputation (on fit venir une sage-femme française pour l'accouchement de madame de Cobenzl en 1756); en 1775, les magistrats d'Ypres font venir de France Angélique-Marie le Boursier-Ducoudray, qui donnait un enseignement public itinérant sur les accouchements; elle fait des démonstrations sur un «fantôme» (un bassin démontable et une poupée); ses cours ont du succès, sont traduits en flamand et imprimés dans les deux langues; Ypres reçoit un subside, malgré l'avis défavorable et méprisant de la faculté de médecine de Louvain. Des manuels apparaissent, très simples, sous forme de catéchismes (questions et réponses à connaître par cœur), et des écoles d'accouchements s'ouvrent pour sages-femmes et chirurgiens (qui seuls pouvaient toucher aux instruments, les femmes n'étant que spectatrices). Les matrones conserveront pourtant encore longtemps le presque monopole des mises au monde.

J.B. Jacobs (Gand 1734-1790), médecin-chirurgien de valeur, avait assisté aux leçons de madame Ducoudray, et organise des leçons gratuites à Gand. En 1777, il écrit ce manuel, orné de 21 figures; il est édité en 1784 par Vanderschueren, journaliste au *Vlaemschen Indicateur* (n° 57). En Flandre, chaque village devait en principe en posséder un exemplaire à consulter. Le livre devient finalement un maître-ouvrage en la matière. Traduit en français (*Ecole pratique d'obstétrique, comprenant en résumé la plupart des matières qui se rapportent à cet art, à l'exception de la médecine, éditée sous forme de leçons, avec des gravures sur cuivre*), il se répand et est vendu à Paris en 1785.

En 1789, Jacobs doit fuir la Révolution brabançonne. Il termine sa carrière à l'hôpital de Marche-en-Famenne, où il meurt à la tâche.

112. Petrus Cornelius De Brabant, *Antwoorde van Mr P.C. De Brabant, M.L. van het Koninklijk Genootschap der Geneeskunde van Parijs, op het gerucht van de weder-gekomene pokskens naer de inentinge*, Gand, 1777. Imprimés, VH 7798 A

Avant la diffusion du vaccin de Jenner (1749-1823), la variole était très courante (40 à 60% des adultes l'avaient eue) et tuait beaucoup. Comme les rescapés étaient immunisés, on pensa à l'inoculation (vers 1768, un hôpital d'inoculation pour enfants est proposé à Koekelberg, mais jugé trop cher); la «variolisation» n'était pas sans danger et, en 1777-78, de nombreuses polémiques se lèvent à ce sujet; elle est défendue par les Lumières et, ici, par un médecin flamand, De Brabant (1740-1790) (Réponse de M.P.C. De Brabant, de la Société Royale de médecine de Paris, sur la rumeur du retour de la petite vérole après l'inoculation). Il exerça et professa à Gand et à Louvain. Il dut s'enfuir lors de la révolution de 1789 et mourut à Neufchâteau, d'avoir contracté une fièvre contagieuse.

Les médecins (université de Louvain) ne s'occupaient que des maladies internes; pour toute autre affection, il fallait s'adresser aux chirurgiens-barbiers, dont la formation était rudimentaire, beaucoup plus nombreux (1/2000 dans les villes, 1/16.000 dans les campagnes). On recourait surtout aux rebouteux, aux maréchaux-ferrants (puisqu'ils savaient soigner les animaux), au curé, ou on faisait un pélerinage... Les hôpitaux (en 1784, à Louvain, 36 lits pour 20.813 habitants; à Bruxelles, 78 lits pour 74.427 habitants) sont réservés aux plus pauvres, aux vieillards, aux pélerins: on couche 2 ou 3 malades dans le même lit; sont refusés les enfants, les femmes enceintes, les incurables, les contagieux, les malades vénériens; à Bruxelles, l'ancienne léproserie St-Pierre devient le seul hôpital d'Etat, organisé d'après celui de Vienne, avec une petite maternité d'apprentissage de quatre lits; en 1788, il devient hôpital universitaire, avec un département pour «fous et imbéciles», contagieux et infirmes.

113. Théodore Augustin Mann, ***Mémoire sur les Rivières et canaux***, 1774.
Manuscrit sur papier, 53 feuillets. Manuscrits, 16221

114. *Mémoire sur les moyens d'augmenter la population et de perfectionner la culture dans les Pays-Bas autrichiens*, Bruxelles, Mémoires de l'Académie, t. IV, 1783 Imprimés, VH 23093 B4

et 115. *Plan topographique des environs de Bruxelles*, cuivre, burin, 251 x 289. Chalcographie, 924 B

Mann (1735-1809), né dans le Yorkshire, était attiré par les sciences, mais son père le force à étudier le droit à Londres. A 19 ans, par opposition, il part pour la France où il se convertit au catholicisme et d'où il part faire la guerre en Espagne (guerre de Sept ans). Il fait ensuite une retraite à la Chartreuse anglaise de Nieuport, où il est élu prieur en 1764. Il s'y occupe surtout d'enrichir la bibliothèque et se livre à l'étude. En 1774, il devient membre de l'Académie. Il écrit des mémoires nombreux et divers, sur la géographie, les transports, la démographie, la cartographie, la météorologie (étudiée depuis peu par l'Allemand Gabriel Daniel Fahrenheit (1686-1736) et le Suédois Anders Celsius (1701-1744). En 1777, il est relevé de ses voeux à cause de sa santé fragile, et reçoit une prébende comme chanoine de Courtrai, ce qui lui permet de continuer à travailler. En 1787, il devient le secrétaire perpétuel de l'Académie. Il est membre de nombreuses sociétés savantes et jouit d'une belle renommée scientifique. Lors de l'invasion française de 1794, il part pour l'Autriche et finit par s'installer à Prague, où il termine ses jours.

Le manuscrit sur les rivières et canaux était destiné à l'impression, mais l'édition en fut interdite parce que l'auteur y attaque «des personnes préposées aux ouvrages hydrauliques»; les feuillets déjà imprimés furent détruits, sauf quelques exemplaires que l'abbé Mann complèta de sa main.

Le mémoire édité par l'Académie traite de démographie et d'agriculture; pour l'auteur, l'augmentation de la population est liée à la multiplication des exploitations, donc au morcellement des grandes fermes (la moitié de la surface rurale des Pays-Bas appartenait à quelques grands propriétaires). Le XVIIIe siècle connaît une nette croissance agricole (disparition des jachères, production de fourrages, défrichements, meilleurs rendements); mais l'équilibre était difficile entre l'agriculture et l'élevage, qui donnait fumier et force motrice. Ajoutons l'importance que prend la pomme de terre après la famine de 1740 (d'abord curiosité botanique, puis destinée au bétail, elle devient la nourriture essentielle des milieux populaires).

Quant à la démographie, elle fut longtemps imprécise (l'Eglise ne recensait que rarement les enfants morts-nés, les non-catholiques, les enfants illégitimes). Le seul dénombrement de population fait au XVIIIe siècle pour nos régions fut demandé par Joseph II en 1784; par approximation, on arriva au chiffre de 2.272.962 sujets (dont plus de la moitié en Flandre et en Brabant, où la densité dépasse 100 habitants par km2). Un quart de la population vit dans les villes; à Bruxelles, Mann dénombre 74.427 habitants (Paris, à l'époque, en a environ 600.000), dont 7059 personnes de condition, 1587 gens d'église, 22.099 enfants (2050 enfants trouvés, dont deux sur cinq meurent), 9883 commerçants et artisans, 20.908 ouvriers, 8443 domestiques, 1974 mendiants, 2474 militaires.

Anvers et Liège comptent environ 50.000 âmes, Gand 45.000, Bruges 30.000, Tournai 26.000. Avant 1700, les populations étaient décimées par les pestes, les dysenteries, les famines; au XVIIIe siècle, la population double, mais est très pauvre (près de la moitié des campagnards enrôlés dans les régiments, nombreux abandons d'enfants, nombreux vagabonds et mendiants). En 1755, dans le Brabant, il y a un cabaret pour 110 habitants; dans les villes, pour 100 femmes, il y a 70/75 hommes; on se marie assez tard (en moyenne, à 29/30 ans), sauf chez les jeunes-filles nobles, et les naissances sont nombreuses (en moyenne, 5/7 enfants), avec accouchements à domicile; la mortalité infantile est importante, ainsi que celle des mères; enfin, l'espérance de vie est de 32,5 ans en Flandre, de 36,5 en Brabant. Les causes de mortalité sont la misère, le manque d'hygiène, la malnutrition, la pollution des eaux, les épidémies, les maladies, appelées «fièvres» (dysenterie, tuberculose, typhoïde, et variole...)

Salle IV
Evocation de la littérature au XVIIIe siècle

La production littéraire du XVIIIe siècle est si foisonnante qu'il était inutile de tenter d'en faire le tour. Quelques livres remettront certains noms en mémoire; ils sont groupés dans l'ordre alphabétique, plutôt que par nationalité, même si les auteurs français nous sont les plus familiers.

Quelques tendances de cette littérature? Peinture de moeurs plutôt que peinture de caractère, usure du respect de la tradition, esprit et critique, rationalisme et sensibilité, parfois larmoyante; naissance de l'«opinion publique»; puissance des «gens de lettres», de certains journaux (ex. en Angleterre, le *Tatler*, le *Spectator*, le *Guardian*), et des «salons» français, dont celui de Mme du Tencin (1681-1749), de Mme du Deffand (1697-1780), de Mme Geoffrin (1699-1777) ou de Melle de Lespinasse (1732-1776). Enfin, les écrivains sont souvent philosophes et cosmopolites (ex. succès international de *Pamela* ou de *Clarissa Harlowe* de Samuel Richardson (1689-1761), «européanisme» du Prince de Ligne (n° 149), voyages, rapidité des courants nouveaux).

Si la langue et la littérature françaises brillent partout, c'est l'Europe entière qui nous propose des noms. En Italie, Alfieri (n° 134), Metastase (1698-1782), le libertin Casanova (n° 136), Goldoni (n° 145) et Parini (1729-1799); en Grande-Bretagne, De Foe (n° 139), Fielding (n° 144), Goldsmith (n° 146), Pope (n° 153), Sheridan (n° 160), Laurence Sterne (1713-1768), Swift (n° 161), Edward Young (1683-1765) et Walpole (n° 166); en Allemagne, Goethe (1749-1832), Herder (n°99), Kleist (1715-1759), Klopstock (n° 147), Lessing (1729-1781), Schiller (1759-1805) et Wieland (n° 167). Nommons encore les Hollandais Elisabeth Wolff (1738-1804) et Bilderdijk (1756-1831); les Scandinaves Holberg (1684-1754) et Swedenborg (1688-1772); les Russes Lomonosov (1711-1765) et Derjavine (1743-1816), l'évêque polonais Ignace Krasicki (1735-1801), et le Hongrois Georges Bessenyei. Enfin, pourquoi ne pas citer, de la toute jeune confédération américaine, le fameux Benjamin Franklin (Boston 1706-1790), fils d'un marchand de chandelles et autodidacte, journaliste et diffuseur d'idées, auteur d'une belle autobiographie; ou encore le pamphlétaire Hamilton (1757-1804) et le romancier Breckenridge (1748-1816).

Et chez nous? Il serait absurde de parler d'une «littérature belge», mais nous ne sommes pas aussi ignares que Voltaire le dit. Du côté francophone, on ne peut ignorer le prince de Ligne (n° 149) et de nombreux foyers d'édition et de diffusion des Lumières (souvent en contrefaçon). Le côté néerlandophone n'a laissé aucun vrai talent, mais, sous sa léthargie, l'activité littéraire n'a pas entièrement disparu: il reste des «chambres de rhétorique» et un peu de théâtre (traductions et répertoire non imprimé, qui s'est perdu); quant au peuple, il se contentait d'almanachs, de livres populaires et de chansons. Ce sommeil de la littérature flamande s'explique par les circonstances et la francisation de l'intelligentsia. Par acquis de conscience, citons les rhétoriqueurs bruxellois J.F. Cammaert (1699-1780) et F. de la Fontaine (1672-1767), Michiel De Swaen, J.L. Krafft (Bruxelles 1694-1768) et G. Bouvaert (1685-1770). Les idées nouvelles sont reçues, peut-être inconsciemment, et sans doute avec réticence. Quelques Flamands se situent dans la mouvance des Lumières, comme le chanoine Coninckx (1750-1839), le prêtre J. De Wolf qui écrit anonymement un livre anticlérical immédiatement interdit, C.M. Spanoghe (1758-1829) ou W.F.G. Verhoeven (1738-1809), auteur d'une *Belgiade* en 15 chants.

Certains des auteurs présentés dans cette salle figuraient dans les riches bibliothèques de Charles de Lorraine, ce qui n'implique pas qu'il les lisait, mais ils étaient certes lus et commentés autour de lui.avec un cabinet de physique au avec un cabinet de physique au fond, des allégories de l'histoire, de l'archéologie, de la philologie et de la littérature, du droit, de la philosophie, de la chimie, de la physique, de l'astronomie, de la mathématique, de la zoologie, de la botanique, de la minéralogie, de la paléontologie...

Cat. 122

116. Louis Aubert (1720-1780), ***Deux jeunes peintres dans un atelier***,
Cabinet des Estampes, III 79366 E, α

117. Jean Baptiste Siméon Chardin, ***Jeune femme écrivant*** **et 118.** ***Jeune femme lisant***, dessins.
Chardin (Paris 1699-1779) est l'auteur réaliste de natures mortes, de portraits, et de scènes de genre. Sa «touche» fascina Diderot et ouvrit la porte à la peinture moderne. Cabinet des Estampes, III 79366 E, α

119. Jean Honoré Fragonard, ***Jeune fille avec une marmotte***, dessin.
Fragonard (Grasse 1723-1806) est célèbre pour ses scènes galantes et érotiques. Cabinet des Estampes, III 79366 E, α

120. Antoine Watteau, ***Jeune femme debout et femme assise***, étude.
Watteau (Valenciennes 1684-1721) est connu pour ses fêtes champêtres et ses scènes galantes, dont le fameux *Embarquement pour Cythère.*
Cabinet des Estampes, III 79366 E, α

121. Antonio Canale, ***Vue du Grand Canal de Murano***. Dessin de Canaletto (Venise 1697-1768), dont les vues de Venise, exactes et poétiques, font la réputation. Cabinet des Estampes, III 79366 E, α

122. Pieter Van Reijsschoot, ***Portrait de Charles de Lorraine***, vers 1771, dessin à la mine de plomb. Van Reijsschoot (Gand 1738-1795), professeur d'architecture, peintre et dessinateur d'armoiries, était le fils d'Emmanuel Van Reijsschoot (1712-1772) (n° 47) et aida son père à réaliser et à dessiner les pièces du cortège de St-Macaire, en 1767.

Le prince a 59 ans lorsque le peintre gantois fait cette étude préparatoire pour un tableau allégorique de Charles de Lorraine, destiné à l'académie de Gand. Il donne à Charles de Lorraine les traits juveniles de Louis XV.
Cabinet des Estampes, SII 1638

123. Anonyme, ***Trois maisons de la rue de la Madeleine à Bruxelles, écroulées dans la nuit du 22 mai 1771***, eau-forte, cuivre rouge, 292 x 217.
Chalcographie, 812 B

124. Antoine Cardon l'aîné (n° 12, n° 32 et n° 70), ***Frontispice du premier volume des Mémoires de l'Académie Impériale et Royale des Sciences et Belles Lettres de Bruxelles*** (n° 39), gravure d'après Guillaume Herreyns (1743-1827) Cabinet des Estampes, SIII 74132

Le peintre-graveur bruxellois Cardon veut résumer ici, dans un fouillis typique du siècle, le programme scientifique de l'Académie: dans une bibliothèque,

Cat. 124

125. Anonyme, deux gouaches sur papier épais, dessins au pinceau représentant Charles de Lorraine et Marie Thérèse, 562 x 491 et 530 x 479.

Cabinet des Estampes SIII 63989 et 63989 bis

126. Moyreau, *Ornement de théâtre: Colombine et Arlequin*, gravure d'après un dessin d'Antoine Watteau. Cabinet des Estampes, III 79366 E ß

127. Philippe Joseph Tassaert, *La sainte famille, avec sainte Elisabeth et saint Jean-Baptiste*, vers 1769, gravure à l'eau-forte d'après un tableau de Pierre Paul Rubens (1577-1640).

Tassaert (Anvers 1736-Londres 1803) travailla à Londres et à Bruxelles; il fut attaché à la cour de Charles de Lorraine, où il reproduisit une dizaine de tableaux de Rubens. Cabinet des Estampes, SI 23117 folio

Ce tableau avait été peint par Rubens en 1609, pour l'oratoire de l'archiduc Albert au palais des ducs de Brabant à Bruxelles. De 1701 à 1708, il avait décoré la cheminée du palais de Tervuren; ensuite, il revint à Bruxelles et ornait l'autel de la chapelle privée de Charles de Lorraine. Après la mort de ce dernier, le tableau partit à Vienne et Joseph II en fit cadeau au médecin bruxellois François Xavier de Burtin (1743-1818). L'œuvre est aujourd'hui à la Wallace Collection à Londres.

128. Jakob Schmutzer (1733-1811), ***Portrait de Madame Bodin, première danseuse au Théâtre Impérial***. Cabinet des Estampes, III 79366 E ß

129. Antonio Canale, dit Canaletto (n° 121), ***Le Turc généreux.***

Cabinet des Estampes, III 79366 E ß

Cette pantomime fut jouée à Vienne, au théâtre de la Cour, le 26 avril 1758; Charles de Lorraine, à Vienne à ce moment (il allait perdre le commandement suprême des armées impériales), assista à la représentation.

130. François Boucher, *Vénus et l'Amour*
et 131. *Vénus sur un Dauphin*,dessins.

Boucher (Paris 1703-1770), spécialiste de scènes pastorales et mythologiques, frivoles et sensuelles, était le peintre favori de Mme de Pompadour.

Cabinet des Estampes, III 79366 E α

132. Julianus Giampicoli, *Scène de Ruines*, gravure d'après un dessin de son neveu Ricci, cuivre, eau-forte, 255 x 367. Chalcographie, 2773 C

133. ***Catalogue des livres de la très-belle bibliothèque de feu Mr. Flament,*** *Seigneur de Bois Deschênes, Licencié es-Loix, et Chanoine du vénérable chapitre de St. Pierre, à Leuze, dont la vente se fera en la maison tenante au Nouveau-Jeu, sur la Grand'Place, à Tournai, par le Sr. Philippo, sergent de Mrs. les Mayeur et Echevins, le 16 août 1790 et jours suivants, sous la direction de J.B. Deflinne, Libraire*, Tournai, 1790. Imprimés, VH 22600 A

Parfois, lors du décès d'un amateur de livres, il arrivait qu'on vende sa bibliothèque «en bloc». Le catalogue d'une telle vente nous permet de connaître les lectures d'un homme cultivé du temps. Le catalogue présenté est celui d'une bibliothèque hennuyère de près de 3000 titres; il y a des livres antireligieux ou sceptiques, des ouvrages de critique sociale, des auteurs tels que Rousseau, Hume, Voltaire... Bref, une large proportion d'ouvrages prohibés.

134. Vittorio Alfieri, *Tragedie*, Paris, 1806. Imprimés, III 25462 A

Le dramaturge piémontais Alfieri (Asti 1749-1803) voyagea par toute l'Europe et séjourna en France. Il tenta de ramener la tragédie à plus de simplicité. On lui doit aussi des odes sur la Révolution américaine, des poèmes, des satires, un traité sur la tyrannie, une autobiographie et des traductions d'auteurs grecs et latins. Il était ardent patriote, amoureux de la liberté et ouvert aux Lumières; il fut cependant ennemi de la Révolution française. En 1788, il épousa la comtesse d'Albany, veuve du dernier Stuart.

135. Pierre Augustin Caron de Beaumarchais, *Le Barbier de Séville ou La Précaution inutile*, Paris, 1775. Imprimés, II 15107 A

Fils d'horloger et lui-même «horloger du roi», Beaumarchais (Paris 1732-1799) sera l'un des auteurs comiques les plus célèbres du siècle. Il épousa la veuve d'un contrôleur royal et s'enrichit en achetant cette charge (il prend alors le nom de Beaumarchais); appauvri à la mort de sa femme, il devient professeur de harpe des filles de Louis XV. Il s'associe avec un financier, fait d'heureuses spéculations et put acheter l'office de lieutenant général des chasses. En 1764, il fait un voyage en Espagne et commence à écrire. Procédurier malheureux, il écrivit, au sujet d'un de ses très longs procès, de spirituels et audacieux *Mémoires* (1773/74) qui le rendent célèbre. Outre son travail d'écrivain, il se charge de missions diplomatiques et il fait des affaires. La Révolution française, qu'il ne comprend pas, le surprend. Ses affaires finalement le ruinent; devenu suspect, il émigre, puis rentre en France, où il mourra d'une attaque d'apoplexie en 1799.

Le Barbier de Séville fut donné au théâtre le 23 février 1775 (l'opéra de Rossini est de 1816). *Le Mariage de Figaro ou la Folle Journée* (écrit dès 1775 et remis aux comédiens en 1781) ne sera joué que le 27 avril 1784, Louis XVI en ayant interdit la représentation pendant trois ans; ce fut un triomphe (cf. l'opéra-comique de Mozart en 1786). Ces deux œuvres inaugurent un genre nouveau: la comédie sociale. Le thème du *Barbier* est cependant traditionnel: lutte, favorisée par un valet ingénieux, de la jeunesse et de l'amour contre la vieillesse jalouse; le barbier Figaro (cf. Scapin, Mascarille, Gil Blas) a une verve particulièrement amusante et caustique, et les personnages, très naturels, sont pris dans la société française du temps. Figaro incarne plus que le valet traditionnel: c'est le plébéien annonciateur du mécontentement revolutionnaire, intelligent, instruit, habile, audacieux et intrigant; il connaît son mérite et méprise ceux qu'il sert. Dans *Le Mariage*, c'est la satire sociale qui fait le fond de la pièce: Beaumarchais-Figaro y attaque le despotisme, les institutions et les privilèges, et réclame la liberté et l'égalité.

136. Giovani Giacomo Casanova, *Mémoires de J. Casanova de Seingalt, écrits par lui-même*, édition originale, Leipzic-Paris, 1826.

Le nom de Casanova (Venise 1725-1798), dit le Chevalier de Seingalt, est devenu synonyme de don juan et de libertin; le libertinage était d'ailleurs plus qu'une mode au XVIIIe siècle, c'était aussi une forme de libre-pensée (cf. le marquis de Sade (1740-1814). Aventurier, magicien, escroc, Casanova est une curieuse figure; ses *Mémoires*, écrits en français, racontent ses aventures galantes et son évasion des «Plombs» de Venise. Le manuscrit est resté longtemps secret et les éditions anciennes sont tronquées ou remaniées.

137. Nicolas Sébastien Roch, dit Chamfort, *La jeune Indienne*, Liège, 1769.

Littérateur moraliste et auteur dramatique, Chamfort (Clermont-Ferrand 1741-1794) embrassa la cause de la Révolution française. Devenu suspect, il tenta de se suicider et mourut des suites de ses blessures.

138. Prosper Jolyot de Crébillon, *Œuvres de M. de Crébillon*, Paris, 1749.

Poète et auteur dramatique, élu à l'Académie française en 1731, Crébillon (Dijon 1674-1762) fut nommé censeur royal en 1735 et chargé d'examiner les œuvres de ses rivaux. Il sut cependant rester assez impartial, par exemple à l'égard de Voltaire. Son fils, Claude (Paris, 1707-1777) écrivit des romans licencieux.

139. Daniel De Foe, *La Vie et les Aventures surprenantes de Robinson Crusoé*, Amsterdam, 1766. (Traduit de l'anglais)

De Foe (Londres 1660-1731) fut militaire, bonnetier, tuilier, marchand de nouveautés, armurier; à la suite d'une banqueroute, il quitta l'Angleterre et, à son retour, se mit à écrire des pamphlets politiques qui le firent plusieurs fois emprisonner pour ses attaques contre le pouvoir. Il écrivit plus de deux cents ouvrages, et mourut dans la gêne.

On le connaît surtout par son *Robinson Crusoé*, paru en 1719 et traduit en français dès 1720, et par *Les Aventures de Moll Flanders* (1721). Inspiré de la vie du marin écossais Alexandre Selkirk, *Robinson* est le chef-d'œuvre des romans d'aventure, et inspirera de nombreux ouvrages . Le livre contient cependant une forme de philosophie, une morale fondée sur la religion et sur l'action, et retrace, à travers le naufragé, l'évolution de l'humanité qui a tout à découvrir.

140. Portrait de Denis Diderot (n°s 94, 141, 142 et 143), photographie du tableau peint en 1767 (toile de 810 x 650) par Michel Van Loo (1707-1771), un ami de Diderot, issu d'une lignée de peintres hollandais établis en France.

Lors de ce portrait, Diderot a 54 ans. Il est presque de face, assis à sa table de travail, sur laquelle on voit un manuscrit et une écritoire, la main droite tenant une plume. Madame Diderot trouvait que sur ce tableau son mari avait l'air d'une vieille coquette; lui, se trouvait ressemblant et vivant, mais trop richement vêtu.

141. Denis Diderot, *De Vader des Huisgezins*, Amsterdam, 1775. (traduit du français) Imprimés, 8e Cl. XIII CV 18

et 142. *Le Père de Famille*. Amsterdam, 1759. Imprimés, 20828 A

Le sujet de cette pièce est à rapprocher du goût sentimental et parfois larmoyant du siècle (cf. les tableaux de Jean Baptiste Greuze (1725-1805), peintre selon le cœur de Diderot); elle eut un succès énorme dans toute l'Europe et fut rapidement et souvent traduite (par Lessing (1729-1781), par exemple). Un père a deux enfants: le fils aime une jeune fille pauvre et vertueuse, la fille aime un jeune homme courageux; le mariage est contrarié par le riche et méchant beau-frère du père de famille, mais tout s'arrangera!

La comédie sérieuse, ou drame bourgeois, va détrôner la tragédie classique. Diderot expose cette nouvelle théorie dramatique dans divers ouvrages (ex. *Entretiens sur le Fils Naturel*): théâtre moralisateur et peinture de conditions sociales, dont l'ouvrage présenté, de 1758, est une illustration.

143. Portrait de Denis Diderot, en buste, de profil à droite, dans un médaillon rond sur fond rectangulaire. Photographie d'une gravure (190 x 135) au burin par Louis Jacques Cathelin (Paris 1739-1804) (n°s 9 et 163), qui s'était formé dans l'atelier de J.Ph. Le Bas; il grava ce portrait d'après un dessin d'un ami de Diderot, Charles Nicolas Cochin le jeune (Paris 1715-1790).

144. Henry Fielding, *The History of Tom Jones, a Founding*, Londres, 1819. Imprimés, VH 12668

Cet écrivain anglais (Gladstonbury 1707-1754) commence par écrire des adaptations, pour échapper à la misère. Il devient magistrat, ce qui lui permet d'observer les moeurs populaires. Son chef-d'œuvre, l'histoire de Tom Jones, un enfant trouvé, est une peinture des moeurs qui parut en 1749.

145. Carlo Goldoni, *Mémoires pour servir à l'histoire de sa vie, et à celle de son théâtre,* *dédiés au roi*, Paris, 1787.

Le portrait de la page présentée fut gravé en 1787 (eau-forte et burin) par Le Beau, d'après Ch. N. Cochin le fils. Imprimés, VH 22259 A

Après avoir voyagé, Goldoni (Venise 1707-1793) s'installa à Paris en 1761. Il fut professeur d'italien de différentes princesses, filles de Louis XV, et se fit connaître comme écrivain et librettiste. Il écrivit, en français et en italien, plus de cent cinquante pièces, dans tous les genres, mais surtout dans la comédie, qui remplaça la farce italienne. Dans ses *Mémoires*, Goldoni raconte entre autres ses démêlés avec Diderot, à propos du *Fils Naturel*, qui aurait plagié son *Vero Amico*, et à propos de son *Padre di Famiglia*.

146. Oliver Goldsmith, *De Predikant van Wakefield* , Deventer, 1768. (traduit de l'anglais). Imprimés, VH 12668

Fils d'un pasteur irlandais, Goldsmith (Pallasmore 1728-1774) parcourut les Flandres, la France, l'Allemagne et la Suisse, en jouant de la flûte pour gagner sa vie. Il connut la misère puis la gloire littéraire, mais, prodigue et fastueux, il mourut couvert de dettes.

Le Vicaire de Wakefield, publié en 1766, est un tableau de la vie familiale dans la campagne anglaise.

147. Friedrich Gottlieb Klopstock, *La Mort d'Adam*, , Paris, 1762. (tragédie traduite de l'allemand). Imprimés, II 43304 A

Ce poète allemand (Quedlinburg 1724-1803) est l'auteur de *La Messiade* (1748/77), vingt chants sur la passion du Christ, de trois drames bibliques (*La Mort d'Adam* en 1757, *Salomon* en 1764 et *David* en 1772), de tragédies nationales, d'odes et d'ouvrages critiques. Il célébra la Révolution française, et l'Assemblée Nationale lui décerna le titre de citoyen français. Par la suite, il s'indigna des excès de la Révolution.

148. Alain René Lesage, *Histoire de Gil Blas de Santillane*. Paris, 1771. Imprimés, VH 12536

Orphelin de bonne heure et ruiné par ses tuteurs, Lesage (Sarzeau 1668-1747) vécut de sa plume, produisant pour les théâtres de foire et les libraires; il était gai, malgré une surdité précoce. On retient de lui sa pièce *Turcaret* (1709) et des romans comme *Le Diable boîteux* (1707) et *Gil Blas* (1747); sa peinture des moeurs implique une féroce critique sociale. Le diable boîteux soulève le toit des maisons et décrit ce qu'il y voit. Quant à Gil Blas, il est valet de personnages successifs (un chanoine, un médecin, un petit maître, un archevêque, un premier ministre...) et finit par s'enrichir; avec le procédé du roman à tiroirs (aventures entremêlées), il décrit différents milieux et caractères, tous immoraux et ambitieux. Lesage venge la vertu par l'ironie avec laquelle il dénonce le vice.

149. Charles Joseph de Ligne, *Colette et Lucas*. Comédie en un acte mêlée d'ariettes. Chez l'auteur, à Beloeil (fac-similé de l'imprimé de 1781, réalisé sur les presses personnelles du prince). Réserve Précieuse III 41.403 A

L'écrivain cosmopolite Charles de Ligne (Bruxelles 1735-1814) (n° 70), pourrait symboliser ce XVIIIe siècle européen. Issu d'une vieille noblesse du Hainaut, il est prince de Ligne et du saint Empire romain germanique, Grand d'Espagne et seigneur de nombreux lieux. Après une enfance solitaire (sa mère meurt quand il a quatre ans et son père, dit-il, ne l'aimait pas, «je ne sais pas pourquoi, car nous ne nous connaissions pas»), il fait une carrière militaire dans le régiment appartenant à son père (infanterie de Ligne). En 1755, on le marie. Il participe à la guerre de Sept ans, se distingue au service des impériaux, et est promu colonel. Chargé d'une mission officielle à la cour de France à Versailles (1759), il devient une vedette du Tout-Paris; il voyage dans l'Europe entière; son esprit et son faste, sa connaissance du monde, font de lui la «coqueluche» des cours européennes. A sa carrière militaire (il devient feld-maréchal et reçoit la Toison d'Or) et diplomatique, s'ajoute une grande activité littéraire et mondaine: il anime, pour Marie-Antoinette, les fêtes à Trianon; il est reçu par Catherine II de Russie, qui le nomme colonel russe; on pense à lui comme éventuel roi de Pologne; il connaît Marie-Thérèse, Frédéric II, Joseph II, Catherine II, Louis XV, Madame de Pompadour, Marie-Antoinette, Voltaire, Napoléon, Metternich, Goethe, Beaumarchais, Cagliostro, Rousseau (auquel il proposa d'ailleurs un refuge à Fagnolle)... Il a eu une amitié réellement affectueuse pour Charles de Lorraine. En 1789, lors de la Révolution brabançonne, il part pour Belgrade; en 1792, son fils est tué dans les guerres de la Révolution française, et, en 1794, il perd ses biens. Exilé (le plus souvent à Vienne) et appauvri, il continue de recevoir (Casanova, madame de Stael), et finit par choisir d'être Autrichien.

Ses *Mélanges militaires, littéraires et sentimentaires* (1795-1811) comportent 34 volumes, dont madame de Stael tire une anthologie en 1809. Aristocrate non-conformiste, sa sensibilité très personnelle se manifeste, par exemple, dans son amour des jardins (cf. Beloeil). Passionné de théâtre, il écrit de courtes pièces et un livret d'opéra-comique; il excelle dans les genres brefs (lettres, portraits, aphorismes, fragments), avec lucidité, indépendance d'esprit et curiosité sans préjugés.

150. Pierre de Marivaux, *Œuvres*, Paris, 1781. Imprimés, Faber 282

Marivaux (Paris 1688 -1763) écrivit des romans sentimentaux *(La Vie de Marianne, Le Paysan parvenu)* et de nombreuses comédies, dont *La double Inconstance* (1723), *Le Jeu de l'Amour et du Hasard* (1730), *Les fausses Confidences* (1737)... Ses personnages parlent le langage des salons. Il choisit l'amour comme sujet principal de son analyse; il observe très finement les variations du sentiment et les manèges de galanterie qu'on a appelés marivaudage. L'amour chez Marivaux, sans tragique et sans niaiserie, est toujours victorieux.

151. Jean François Marmontel, *Contes moraux*, Liège, 1777.
Imprimés, VB 7443 A

Marmontel (Bort 1723-1799) écrivit les articles littéraires de l'*Encyclopédie*. Il était aussi l'auteur de tragédies, d'opéras-comiques (pour Grétry entre autres), de romans, de contes et de mémoires.

152. Charles de Secondat de Montesquieu, *L'Esprit des Lois*, Amsterdam, 1749. Imprimés, III 67410 A

Né dans la noblesse de robe, Montesquieu (Bordeaux 1689-1755) fut magistrat et académicien. Ses *Lettres Persanes*, parues en 1721 sans nom d'auteur, sont une critique sociale qui lui valut la célébrité; elles présentent deux Persans qui séjournent à Paris et observent le monde, divertissant ou scandaleux; ils réfléchissent hardiment sur la religion chrétienne et les formes de gouvernement, critiquent Louis XIV, les guerres, le droit d'aînesse, la colonisation, et échangent des lettres assez libres avec leur pays.

Montesquieu vendit sa charge pour se consacrer à l'œuvre de sa vie: *L'Esprit des Lois*; pour se documenter, il voyagea de 1728 à 1731. Après des recherches longues et érudites, il fit enfin paraître l'ouvrage à Genève, en 1748, et connut un prodigieux succès (nombreuses rééditions et traductions).

L'Esprit des Lois étudie les constitutions politiques et leur évolution; Montesquieu avait abordé le sujet dans ses *Considérations sur les causes de la grandeur des Romains et de leur décadence* (1734). Il distingue trois sortes de gouvernements: le despotisme fondé sur la crainte, la monarchie fondée sur l'honneur, et la république fondée sur la vertu politique; il préconise la séparation des pouvoirs, garantie de liberté; il proscrit tout abus en matière de peines ou d'impôts; il tient compte de la géographie et du climat (les pays chauds seraient plus disposés à la servitude, mais jamais l'auteur ne justifie l'esclavage); il veut l'harmonie des législations avec l'économie et avec la religion... Ses vues sont modérées et tolérantes. Initiateur des sciences politiques, il est philosophe dans sa préoccupation du genre humain et son désir d'instruire («Il ne s'agit pas de faire lire, dit-il, mais de faire penser») et il est écrivain par son désir de plaire dans la vulgarisation.

153. Alexander Pope, *Letters*, London, 1737.

La gravure est de J. Richardson (1665-1745) et présente l'auteur sans perruque, de profil dans un médaillon. Réserve Précieuse, LP VB 7185 C

Enfant prodige de santé délicate, Pope (Londres 1688-1744) aborde la poésie à 16 ans et publie son premier recueil en 1705. De 1715 à 1720, il traduit *l'Iliade* en vers décasyllabiques, puis, en 1725, *l'Odyssée*. En 1732, il donne des *Epîtres et Satires* inspirées d'Horace. Il est surtout l'auteur d'un *Essai sur l'Homme*, poème philosophique. Diderot, qui avait traduit divers écrivains anglais, avait annoté une traduction de cet *Essay on Man*, faite par Etienne de Silhouette (Limoges 1709-1767).

154. Antoine François Prévost d'Exiles, *Mémoires d'un honnête homme*, Dresde, 1753. Imprimés, II 20112 A

Novice chez les jésuites, puis soldat, Prévost (Hesdin 1697-1763) éprouva une passion qui bouleversa sa vie. Pour oublier, il entre chez les bénédictins, va en Angleterre et en Hollande, puis, rentré en France, devient aumônier; il publie les *Mémoires d'un homme de qualité* (1728/32), puis d'autres romans sentimentaux et des traductions de Samuel Richardson (1689-1761). Son chef-d'œuvre est le septième des huit volumes des *Mémoires*: *Manon Lescaut*, où l'auteur met beaucoup de lui-même, et où il raconte les aventures du chevalier des Grieux, que sa passion pour Manon conduit à la honte et au malheur.

155. Nicolas Restif de la Bretonne, *Les amours galantes des jolies Bruxelloises, précédées des ruses, supercheries, artifices et machinations des filles publiques pour tromper leurs amans* (sic), Bruxelles, sd.

Imprimés, IV 17572 A

Auteur de romans licencieux pleins d'observation, Restif (Sacy 1734-1806) avait été ouvrier typographe (il composa son *Monsieur Nicolas* «à la casse», c'est-à-dire sans manuscrit ni copie).

156. Jean Baptiste Rousseau, *Œuvres*, Bruxelles, 1743.

Réserve Précieuse, LP II 8954 B

J. B. Rousseau (Paris 1671-1741) était un versificateur très renommé de son temps. Il fut banni de France pour des couplets satiriques, et, après un séjour en Suisse, s'installa à Bruxelles (où il est enterré). Il était célèbre pour ses épîtres et allégories, ses odes et ses cantates, d'un lyrisme impersonnel et pompeux, abusant de mythologie, mais d'une prosodie parfaite.

157. Jean-Jacques Rousseau, *Julie ou la Nouvelle Héloïse*, Londres, 1774.

Imprimés, II 12732 B

et 158. *Portrait de Jean-Jacques Rousseau*, photographie d'un pastel de Quentin de La Tour (Saint-Quentin 1704-1788).

Personnalité ambiguë que celle de Jean-Jacques (Genève 1712-1778): encyclopédiste déiste, il est, au milieu des Lumières, hostile à la civilisation, comme le montre sa théorie du «bon sauvage».

Sa naissance coûte la vie à sa mère. Son père, ouvrier horloger, le met peu après en pension, mais Jean-Jacques assume très tôt son indépendance en vivant d'expédients. Il n'a pas 20 ans quand il est recueilli par madame de Warens, chez qui il s'instruit en autodidacte. Cette liaison finie, il reprend sa vie itinérante, va à Lyon, à Paris (où l'Académie refuse un système de notation musicale qu'il avait inventé (n° 20), puis à Venise, comme secrétaire de l'ambassadeur de France, avec qui il se brouille. Rentré en France, il écrit des opéras, *Les Muses Galantes* (1745) et *Le Devin du Village* (1752), et fréquente les milieux littéraires et philosophiques; c'est en 1750 que le rend célèbre son *Discours sur les Sciences et les Arts* (où il défend le paradoxe de la bonté naturelle opposée à la corruption des civilisations); il publie, en 1754, son *Discours sur l'origine et les fondements de l'inégalité parmi les hommes*, où il glorifie la vie sauvage, l'état de nature, et soutient que l'inégalité vient de la propriété d'abord, des progrès ensuite, de l'organisation sociale enfin, qui, par des lois, maintient l'inégalité.

Introverti, il vit en original ombrageux. Il se brouille avec Grimm, avec Diderot, et avec Voltaire, qui lui reproche sa *Lettre à d'Alembert sur les Spectacles* (1758), où Rousseau accuse le théâtre d'être dangereux.

Vient ensuite *La Nouvelle Héloïse* (1761), où il enseigne le devoir dans un roman de passion et donne en exemple Julie d'Etanges, éprise (comme Héloïse l'était d'Abélard) de son précepteur roturier; le mariage étant impossible, elle épouse M. de Wolmar, et rachète sa faute par l'aveu qu'elle en fait et par ses vertus; malgré leur amour, les amants resteront dignes de la confiance du mari, et Julie meurt à temps pour échapper à un danger toujours présent.

Le Contrat Social (1762) défend les notions de souveraineté du peuple, de légitimité et d'égalité, sinon de liberté. *L'Emile* (1762) est un traité sur l'éducation, où Rousseau est partisan de l'allaitement maternel, de l'absence de maillot pour les nourrissons, du développement chez l'enfant de la santé et des sens: l'enfant n'apprendra rien avant l'adolescence; l'éducation intellectuelle qui vient alors sera utilitaire et pratique; vers 16 ans viendra la formation morale, avec Dieu trouvé dans la nature (cf. la Profession de foi du vicaire savoyard).

Condamné par le Parlement, Rousseau doit fuir, et trouve difficilement un abri. Cette insécurité pousse son caractère, déjà soupçonneux, au délire de la persécution; il se brouille avec David Hume qui l'avait aidé à s'installer en Angleterre. En 1769, on l'autorise à revenir en France, et il finit par s'établir à

Ermenonville, où il retrouve le calme, écrit encore des œuvres d'apologie personnelle, comme *Les Confessions*, et où il achève une vie difficile.

D'une grande sensibilité, mais orgueilleusement convaincu de son excellence, pédagogue, mais père dénaturé (il abandonna ses enfants), plébéien mêlé aux aristocrates et revendiquant la solitude, il eut le mérite, au milieu de ces contradictions, de rester indépendant et idéaliste. Il écrit avec son âme, dans un style harmonieux et éloquent; il annonce le romantisme par son amour du Moi et de la nature.

159. Jean Michel Sedaine, *Le Philosophe sans le savoir*, comédie en prose et en cinq actes, Paris, 1766. Imprimés, VB 6970 1 A

Jeune Parisien pauvre, Sedaine (1719-1797) fut d'abord tailleur de pierre. Autodidacte, il se lance dans la littérature en 1745. Il écrit des livrets (pour Grétry, par exemple) et divers ouvrages. La comédie présentée fut jouée en 1765 et obtint un triomphe. En 1768, il entrera à l'Académie française.

160. Richard Brinsley Butler Sheridan, *The Dramatic Works of R.B. Sheridan with an Original Life of the Author*. vol. II. Paris, Malepeyre, 1822. Imprimés, L 76

Cet auteur dramatique anglais (Dublin 1751-1816) fut, en politique, chef de file du parti whig. Il entre au Parlement en 1780 et y défendra les principes de la Révolution française. Il écrivit des comédies gaies et fantaisistes, aux dialogues étincelants et ironiques, dont on retient surtout *Les Rivaux* (1775), *l'Ecole de la Médisance* (1777) et *Le Critique* (1779).

161. Jonathan Swift, *Les Voyages du Capitaine Lemuel Gulliver en divers pays éloignés* (traduit de l'anglais), La Haye, 1780. Imprimés, VB 6970 1 A

Fils posthume d'un homme de loi anglais, Swift (Dublin 1667-1745) fut élevé par ses oncles qui le mirent en pension. Après avoir été un étudiant turbulent, il devient, en 1687, secrétaire d'un homme d'Etat. Il commence à écrire, achève des études de prêtrise et se marie secrètement. Ses pamphlets le rendent célèbre. Il dirige un journal et prend une part active à la vie politique. En 1715, il se retire en Irlande et se fait le défenseur du peuple irlandais. La publication, en 1726, des *Voyages de Gulliver*, lui apporte la gloire, mais Swift meurt dans une demi-démence.

Différents voyages conduisent Gulliver dans divers mondes qui permettent à l'auteur une violente critique sociale, critique de l'Angleterre et de ses institutions, et même une attaque de toute civilisation humaine. Gulliver est géant à Lilliput, nain à Brobdingnag; il ne rencontre, à l'île de Lapita que des mathématiciens et des astronomes, à Balnibardes, des académiciens extravagants; Luggnagg est le pays des immortels, et Glubbdubdrib celui de l'ombre des grands hommes, très différents de la présentation qu'en font les historiens; enfin, Gulliver ne découvre la raison que chez les Houyhnhums, des chevaux servis par les hommes stupides.

162. Luc de Clapiers de Vauvenargues, ***Introduction à la Connoissance de l'esprit humain, suivie de réflexions et de maximes*** Paris, 1767.

Imprimés, VB 3633

Ce moraliste (Aix-en-Provence 1715-1747) fut d'abord militaire, et, au cours de la guerre de Succession d'Autriche, en 1742, il eut les deux jambes gelées. Sa santé ruinée, il s'établit à Paris et se consacra aux lettres. Il supporta son sort avec stoïcisme et simplicité; sa morale est fondée sur le sentiment et, contrairement à La Rochefoucauld, sur la croyance en la bonté de la nature humaine.

163. François Marie Arouet, dit Voltaire (n° 101), ***Romans et Contes philosophiques***, Genève, 1771.

Imprimés, V 7436

et 164. ***Portrait de Voltaire***, photographie de la gravure de Louis Jacques Cathelin (1739-1804) (n°s 9 et 143) d'après le tableau de Quentin de La Tour (Saint-Quentin 1704-1788).

165. Anonyme, ***Vue du château d'Everberg***, gravure du XVIIIe siècle.

Chalcographie, 506 B

166. Horace Walpole, ***Le Château d'Otrante***, Amsterdam, 1767.

Imprimés, VB 6970 A

Horace Walpole (Londres 1717-1797) était le troisième fils de Robert Walpole, l'homme d'Etat anglais. Il devint un écrivain très prisé dans les salons parisiens. Il est l'auteur de *Mémoires sur le règne de Georges II* et d'une vaste correspondance avec madame du Deffand, mais il est surtout le créateur du «roman noir» avec *Le Château d'Otrante*, paru en 1764.

167. Christophe Martin Wieland, ***Agathon***, Carlsruhe, 1777.

Imprimés, VH 12205 A 3

Surnommé «le Voltaire allemand», Wieland (1733-1813) enseignait la philosophie et la littérature. Ses œuvres (ex. *Oberon*) sont empreintes de sentimentalité et de mysticisme. *Agathon*, publié en 1766, est un poème imité de Lucrèce.

Salle V
La cartographie

Cette salle est surtout consacrée aux fameuses cartes du comte Joseph de Ferraris (Lunéville 1726-Vienne 1814), général dans l'armée autrichienne, et, en 1767, directeur général de l'artillerie des Pays-Bas. Il fut chargé, sous le patronage de Charles de Lorraine, de faire un relevé complet des Pays-Bas, avec l'aide d'étudiants de l'Ecole de Mathématiques du Corps d'Artillerie; ils réalisèrent, de 1771 à 1778, des cartes de cabinet, destinées à l'administration impériale. C'étaient les premières cartes aussi vastes pour nos régions. Elles furent entièrement levées sur le terrain (au lieu-dit «Les Trois Tilleuls», à Boitsfort, une plaque commémore trois tilleuls plantés à la cote 100 m. pour servir de signal géodésique aux géographes); dessinées et coloriées à la main, elles forment 275 grandes feuilles (900 x1400 mm.) de papier entoilé, pliées en quatre. La carte fut dressée à l'échelle approximative de 1/11.520. Il existe trois séries de cartes Ferraris: au Kriegsarchiv de Vienne, aux archives de La Haye, et à la Bibliothèque Royale de Bruxelles (l'exemplaire qui a appartenu à Charles de Lorraine). Il s'agit d'un énorme document manuscrit de plus de 300 m2, accompagné de douze volumes de *Mémoires historiques, chronologiques et œconomiques*, du comte de Ferraris, écrits en français et donnant une légende générale des cartes.

Elles couvrent à peu près la totalité de la Belgique, le Grand-Duché de Luxembourg, Liège, Stavelot, quelques parties des Pays-Bas actuels et de l'Allemagne; en sont exclus l'ancien duché de Bouillon et quelques enclaves. La situation administrative et judiciaire qu'elles montrent, antérieure à la réorganisation imposée par la France, parle de comtés, de duchés, de lieux A.S.M. (à Sa Majesté: parcelles appartenant à la couronne d'Autriche); il y a d'anciens bailliages, des enclaves, des zones contestées, des circonscriptions disparues, comme le Franc de Bruges. Ces frontières internes expliquent les tracés bizarres de certaines de nos anciennes routes. Les Pays-Bas du XVIIIe siècle ont aussi quelques grandes chaussées (routes pavées), surtout au départ de Bruxelles; la voirie s'améliore au cours du siècle (mais il fallait trois jours aux rouliers pour aller de la capitale à Charleroi). Enfin, ces cartes fournissent quantité de renseignements, d'indications extrêmement précises qui donnent au document une réelle valeur historique.

Cat. 172

Parallèlement à l'élaboration manuscrite, apparurent des reproductions gravées, des cartes marchandes chorographiques (description d'une contrée, à échelle moyenne), plus petites que l'original (1/86.400). Nous avons, en dépôt à la B.R., 24 planches qui ont permis les gravures présentées ici. Suivront encore des copies sur papier, d'après les cartes gravées, qui ont d'ailleurs servi de base à la carte de Philippe Van der Maelen en 1831-1832.

Les reproductions chalcographiques, en noir et blanc, utilisent des signes pour représenter les informations données par les couleurs des cartes manuscrites (bois, champs, marécages...). En 1965, le Crédit Communal de Belgique prit en charge la reproduction intégrale en offset, de la carte manuscrite de Ferraris, en se basant sur l'exemplaire de la B.R. Ce fac-similé, édité par Pro Civitate, reproduit en quadrichromie, chacune des 275 feuilles (310 x 255 mm.); le document original est réduit à peu près au cinquième. Cette édition reproduit aussi en fac-similé les 12 volumes de commentaires (environ 4000 pages), et y a ajouté un volume supplémentaire avec les 15 tableaux de l'assemblage de Vienne, des explications, la légende générale et un appareil critique.

168. Anonyme, ***Vue du Jardin des Oratoires, à Bruxelles***, sd., cuivre, eau-forte et burin, 202 x 365. Chalcographie, 910 C

169. Anonyme, ***Vue de l'Abbaye du Parc***, 1726, cuivre, burin, 360 x 490 (Parc des seigneurs de l'ordre des Prémontrés, fondé près de Louvain par Godefroid Barbato en 1129). Chalcographie, 4232 C

170. Anonyme, ***Le Couvent des Dominicains, à Bruxelles***, sd. cuivre, burin, 175 x 371. Chalcographie, 911 C

171. Agrandissement photographique du levé de Tervuren de la Carte de Cabinet des Pays-Bas aurichiens, du comte de Ferraris. Cartes et Plans

C'est la partie supérieure gauche de la carte n° 94 des Cartes de cabinet (manuscrites); elle montre le village et le château de Tervuren. Notons les écuries en arc-de-cercle, qui existent toujours (caserne actuelle). On peut voir aussi les «fabriques» de Charles de Lorraine, à l'extrémité du canal.

172. Gravure illustrant les cartes marchandes, reproductions chalcographiques de la Carte Ferraris. Chalcographie

Cette belle gravure est de Patas, d'après un dessin de Eisen (n° 77). Elle figure la présentation de la carte à Joseph II par le général comte de Ferraris, le 10 décembre 1777. Notons les angelots qui manipulent des instruments de topographie (matériel utilisé par l'équipe de Ferraris), et les globes; un angelot regarde au travers d'une lunette, non pas par l'oculaire, mais par l'objectif!

.**173.** Reproduction chalcographique (feuille n° 21) de la carte Ferraris. Chalcographie

Ce plan de Bruxelles est à comparer à celui de Jacques de Deventer (1500-1575), levé sur les ordres de Charles-Quint et de Philippe II. La plupart des cartes établies depuis, reflétaient plus un travail artistique que cartographique et étaient gravées dans un but commercial. Ce ne sera qu'avec les grands travaux géodésiques entrepris au XVIIIe siècle sur commande des souverains autrichiens, que la catographie devint réellement scientifique.

On reconnaît sur cette carte le tracé de la première enceinte de la ville; lorsque la deuxième enceinte fut décidée, les magistrats avaient vu grand; comme l'expansion démographique fut plus lente que prévue, il reste de vastes zones non urbanisées qui bordent le côté interne de l'enceinte (parcs, jardins, champs, prairies...). De cette seconde enceinte, que suit actuellement le tracé de la petite ceinture, il ne reste que la Porte de Hal; l'enceinte fut détruite en 1782 sur l'ordre de Joseph II.

La rue principale de Bruxelles au XVIIIe siècle est la rue de la Madeleine, qui traverse la ville du nord au sud, perpendiculairement à la Senne. Le fort Monterey (gouverneur espagnol au XVIe s.) a disparu aujourd'hui (cf. la rue du Fort, à Saint- Gilles). L'endroit où nous sommes est clairement repérable par l'indication «La Cour». Enfin, le Parc Royal et les rues avoisinantes sont achevés.

174. Reproduction chalcographique (feuille n° 17) de la carte Ferraris.
Chalcographie

Le cuivre gravé de cette reproduction est présenté au n° 183. Le plan est celui de la zone frontière entre la France et le Hainaut. A Mariemont se trouvait le château de chasse de Charles de Lorraine.

Les angelots illustrent des problèmes de mesurage: d'une zone à l'autre, les appellations et les mesures pouvaient être sensiblement différentes. La «lieue» de Brabant, par exemple, faisait 5.44 km., tandis que la lieue de France n'était que de 3.88 km. Des problèmes analogues se posaient pour les verges, les pas géométriques, les pieds, les pouces, les toises...

175. Reproduction chalcographique (feuille n° 1) de la carte Ferraris avec quelques indications pour la consultation des cartes marchandes. Chalcographie

176. Reproduction chalcographique (feuille n° 11) de la carte Ferraris, avec la gravure de la page de titre, décorée d'angelots et de 11 blasons.
Chalcographie

177. Reproduction chalcographique (feuille n° 8) de la carte Ferraris, avec l'emplacement de Tervuren (Charles de Lorraine y avait un château pour ses occupations préférées). Chalcographie

178. Photographie d'un dessin à la plume montrant le plan de la bataille du Rhin, en 1744. Cartes et Plans

En 1744, pendant la guerre de Succession d'Autriche, Charles de Lorraine réussit un coup de main qui devient célèbre dans toute l'Europe. C'est le fameux passage du Rhin. Les troupes ennemies, bavaroises et françaises, sous les ordres du général de Coigny, campaient le long du fleuve. Dans la nuit du 29 au 30 juin, Charles fait secrètement jeter deux ponts de navires, contourne ses ennemis et pénètre en Alsace, où il s'installe avec son corps d'armée (espérant peut-être reconquérir sa patrie lorraine, cédée par son frère en 1736); mais l'impératrice Marie-Thérèse le rappelle avec ses troupes pour préparer l'encerclement de Prague, et il doit partir.

Le gouverneur avait envoyé à Bruxelles son aide de camp, avec dix postillons et une fanfare, pour annoncer la bonne nouvelle à sa jeune femme Marie-Anne. Dans la ville, c'est la joie: on décore les maisons d'inscriptions laudatives, on peindra des tableaux et on frappera des médailles pour célébrer l'événement. Le 6 juillet, à Sainte-Gudule, on chante un Te Deum et on organise une procession d'actions de grâce, longue procession que Marie-Anne, enceinte, suit à pied, ce qui semble avoir provoqué l'accouchement malheureux dont elle ne se relèvera pas. Frédéric II de Prusse (n° 95), l'adversaire du prince, écrivit, dans son *Art de la Guerre*, le poème suivant, pour glorifier l'exploit:

Charles, d'un ennemi sourd aux cris de la haine,
Reçois l'éloge pur, l'éloge mérité:
Je le dois à ton nom, comme à la vérité...
Ces flots majestueux, cette rivière immense
Qui sépare à jamais l'Empire de la France,
Ces ennemis nombreux qui défendaient ses bords,
S'opposèrent en vain à tes nobles efforts.
Qu'attendez-vous, guerriers, d'un sage capitaine,
Rhin, ennemis, danger, rien n'arrête Lorraine;
Charles, en quatre corps, sépare ses soldats;
A l'endroit où Coigny ne s'y préparait pas
Un pont construit soudain seconde son audace:
Il surprend les Français, et pénètre en Alsace.

179. Richard Cooper (Londres 1730-1820), ***Vue extérieure, côté nord, de l'église SS. Michel et Gudule à Bruxelles***, sd. burin, 173 x 210.

Chalcographie, 850 B

et 180. ***Vue intérieure de l'église***, vers 1777, cuivre rouge gravé par le même, 250 x 303.

Chalcographie, 919 B

La collégiale des saints Michel et Gudule (depuis 1961, cathédrale St-Michel) fut fondée en 1047 et détruite par un incendie en 1072; un nouvel édifice fut commencé sous le règne du duc de Brabant Henri Ier (1190-1235), et sa construction dura trois siècles. Terminée sous Charles-Quint, Ste-Gudule fut saccagée par les iconoclastes en juin 1579, puis restaurée. Elle a toujours été le haut lieu religieux de la ville. Sous Charles de Lorraine, elle voit toutes les grandes cérémonies. Pillée en 1793, fermée en 1798, elle faillit être rasée par les Français, qui envisageaient d'y construire un théâtre.

181. Anonymes, ***Plan de Bruxelles***, cuivre, eau-forte, 152 x 210.

Chalcographie, 851 B

et 182. ***Plan de la paroisse de Ste-Gudule***, cuivre, burin, 140 x 198.

Chalcographie, 149 A

Notons le nombre d'églises et de chapelles, la présence du parc de Bruxelles, ainsi que l'indication de la place St-Michel (actuelle place des Martyrs), bâtie par l'architecte Fisco, selon les goûts de Charles de Lorraine.

PLAN
TOPOGRAPHIQUE
DE LA VILLE
DE
BRUXELLES
et de ses Environs
Echelle de 150 Toises de France
Gravée par L. A. Dupuis
Géographe en 1777
FORT MONTEREY
Chaussée d'Alsemberg
S.T GILLES
IXELLES
Porte de Namur
Grand Sablon
Cimetière de S.t Jean

Cat. 173

KOECKELBERGH
MEULEBEECK
CANAL DE WILLEBROECK
Place St Michel
Grande Place
SCHAERBEECK
Porte de Louvain
St JOOSTER NOODE

183. Cuivre permettant la gravure de la feuille n° 17 (n° 174) Chalcographie

184. Reproduction en fac-similé des cartes Ferraris: Plan de Bruxelles et de ses environs.

185. idem: Plan de Neerysche (Tervuren et château de Charles de Lorraine).

186. idem: Plan de Binche (Mariemont et château de Charles de Lorraine).

187. idem: Plan de Lombardzijde (Chatellenie de Furnes).

188. idem: Plan de Saint-Hubert (Duché de Luxembourg).

et 189. Légende des Cartes Ferraris, reproduite dans les fac-similés.

Les cartes manuscrites du comte de Ferraris montraient bien sûr le relief, l'hydrographie, les voies de communication (même les sentiers), les frontières et divisions administratives internes (par exemple les limites des biens domaniaux ou des juridictions civiles et religieuses). Elles donnent l'image de ce qu'était notre pays avant la révolution industrielle. Mais ce document fournit aussi une foule de détails, comme les ouvrages en maçonnerie (en rouge), les ouvrages de charpente (en noir), les remparts, les digues, canaux, étangs, tourbières, parcs, vergers, potagers, vignobles, landes, bruyères, terres incultes; les prairies marécageuses et celles qui ne le sont pas (les marais impraticables sont traversés de deux lignes ponctuées); les haies, qui ont une importance militaire; les gibets et potences; les champs de bataille; les églises (dans celles qui ont une croix intérieure, on disait la messe; dans celles qui ont une croix extérieure orientée vers le nord, pas de messe; les églises paroissiales (messe), portent un numéro, lequel est reproduit aux maisons et hameaux dont les habitants se rendaient aux églises en question); les châteaux, les maisons rurales isolées (cf. deux fermes appelées «Les Louvières», avec le n° 14: leurs habitants allaient donc à l'église de Houdeng-Goegnies; elles deviendront La Louvière au XIXe siècle); un graphisme par bloc bâti pour les villes; les plans des grands bâtiments.

Les couleurs sont différentes pour les éminences (monts, dunes) et pour les ravins et fonds, de teinte rousse; couleurs aussi pour indiquer les bois, avec des différences pour les hautes ou basses futaies, pour les résineux (fond jaune) ou les feuillus; les rochers sont dessinés; le code indique encore les mines (deux cercles concentriques avec un dard, aux couleurs différentes selon ce qu'on extrait; une houillère se reconnaît à un petit cercle noir inscrit dans un blanc), les carrières, les forges, les usines, les moulins; sur les cours d'eau sont indiqués les roues à aube, les ponts, les écluses, et les très nombreux gués (une ligne noire signifie un madrier servant à traverser les ruisseaux); les rivières ont une flèche montrant la direction du courant...On ne peut qu'admirer la précision et l'efficacité de ce gigantesque travail!

INDICATIONS BIBLIOGRAPHIQUES

• Lorraine, Ch. de, *Journal secret* - Secrétairerie d'Etat et de Guerre (manuscrit). Bruxelles, A.G.R., n° 2598 à 2605 bis.

• Lemaire, Cl., *Le palais de Charles de Lorraine, 1750-1980.* Dans *Bulletin du Crédit Communal de Belgique,* n° 135 et n° 136, Bruxelles, 1981.

• Lemaire, Cl., *Les intérêts scientifiques de Charles de Lorraine.* Dans *Nouvelles Annales Prince de Ligne,* 1988, pp. 103-146.

• Perey, L., (Lucie Herpin), *Charles de Lorraine et la cour de Bruxelles.* Paris, Calmann-Levy, 1903.

• Schouteden-Wery, J., *Charles de Lorraine et son temps.* Bruxelles, Dessart, 1943.

• Catalogues d'expositions:

- *L'Académie Impériale et Royale des Sciences et Belles-Lettres de Bruxelles, 1772-1794.* Bruxelles, Bibliothèque Royale, 1973.
- *Voltaire.* Bruxelles, Bibliothèques Royale, 1978.
- *Les albums de Croÿ.* Bruxelles, Bibliothèques Royale, 1979.
- *La Révolution brabançonne 1789-1790.* Bruxelles, Musée royal de l'armée et d'histoire militaire, 1983.
- *Les Lumières dans les Pays-Bas autrichiens et la principauté de Liège.* Bruxelles, Bibliothèque Royale, 1983.
- *Diderot.* Bruxelles, Bibliothèque Royale, 1984.
- *Diderot et son temps.* Bruxelles, Bibliothèque Royale, 1985.
- *Charles-Alexandre de Lorraine.* Bruxelles, Bibliothèque Royale, Europalia-Autriche, Générale de Banque, 1987.

• Des Marez, G., *Guide illustré de Bruxelles.* Bruxelles, T.C.B., 1979.

• Henne, A. et Wauters, A., *Histoire de la ville de Bruxelles.* Bruxelles, Culture et Civilisation, 1975.

• *La Belgique autrichienne - 1713-1794. Les Pays-Bas méridionaux sous les Habsbourg d'Autriche.* Bruxelles, publié par le Crédit Communal à l'occasion d'Europalia Autriche, 1987.

• Benezit, E., *Dictionnaire des peintres, sculpteurs, dessinateurs et graveurs.* Paris, Librairie Gründ, 1976.

• Honneger, M., *Dictionnaire de la musique.* Paris, Bordas, 1970.

• Michel, F., *Encyclopédie de la musique.* Paris, Fasquelle, 1959.

• *La philosophie des Lumières dans sa dimension européenne.* Paris, Nouveaux Classiques Larousse, 1969.

• *Biographie nationale.* Bruxelles, Académie Royale des Sciences, des Lettres et des Beaux-Arts de Belgique, 1866-1956.

• *The Encyclopaedia Britannica.* New-York, 1910.

• *Carte de cabinet des Pays-Bas autrichiens. Introduction.* Bruxelles, Pro Civitate, 1965.

Table des matières